纪念萧萐父先生诞辰百周年

作者简介 ————————————————————————————————

吴根友，武汉大学哲学学院教授、博士生导师,武汉大学文明对话高等研究院院长,曾任哲学学院院长。在《中国社会科学》、《哲学研究》、《中国哲学史》、《学术月刊》、《哲学动态》、《亚洲哲学》(Asian Philosophy)等国内外重要刊物上发表了重要学术论文200余篇。出版了《中国现代价值观的初生历程——从李贽到戴震》、《郑板桥的诗与画》、《戴震、乾嘉学术与中国文化》、《道家思想及其现代诠释》、《在道义论与正义论之间——比较政治哲学诸问题初探》、《中国哲学通史(清代卷)》、《判教与比较——比较哲学探论》等多部著作,主编了《比较哲学翻译与研究丛书》等重要经典哲学丛书和《文明对话论丛系列》丛书。

吴根友　著

萧萐父：
中国哲学主体性的探路者

中国出版集团　东方出版中心

图书在版编目（CIP）数据

萧萐父：中国哲学主体性的探路者 / 吴根友著. 一
上海：东方出版中心,2024.4
ISBN 978-7-5473-2377-9

Ⅰ. ①萧… Ⅱ. ①吴… Ⅲ. ①萧萐父（1924-2008）
－哲学思想－研究 Ⅳ. ①B262.5

中国国家版本馆CIP数据核字（2024）第074690号

萧萐父：中国哲学主体性的探路者

著　　者	吴根友	
策　　划	刘佩英	
责任编辑	黄　驰	
特约编辑	刘　旭	
封面设计	钟　颖	

出 版 人　陈义望
出版发行　东方出版中心
地　　址　上海市仙霞路345号
邮政编码　200336
电　　话　021-62417400
印 刷 者　山东韵杰文化科技有限公司

开　　本　710mm×1000mm　1/16
印　　张　16
字　　数　140千字
版　　次　2024年5月第1版
印　　次　2024年5月第1次印刷
定　　价　78.00元

序言 萧萐父与中国哲学主体性之探寻

萧萐父先生生于1924年，是在旧中国长大的。其哲学思想大约在20世纪60年代以后慢慢成熟起来，其中亦有多次的变化，但隐隐贯穿于他哲学思考的主线，则是从中国哲学的主体性出发，探索带有普遍性的哲学问题及其中国化的表达形式。从其早期的《原美》一文对于动态的、整全的、和谐之美的探索，到中年对于中国"早期启蒙思想"的深入探索，再到晚年对于"诗化哲学"与"新人学"之探求，其基本精神皆表现为对中国哲学主体性之探寻。在真理标准大讨论的时期，他别出心裁，从真理与民主的关系出发，讨论马克思主义的认识论与社会历史的关系问题，将"真理"问题与中国人民群众社会实践的"民主"问题结合起来，进而彰显了现代中国哲学的主体性。20世纪80年代以后，伴随着中国社会的改革开放，中国再次积极参与到世界的舞台，萧先生向青年学者呼吁，要敢于参与世界范围的百家争鸣。在面对中西印多元的哲学传统时，他又呼吁学者要"漫汗通观儒释道，从容涵化印中西"。20世纪90年代以后，他特别关注中国哲学的"诗性"特质，以及哲学作为"人学"的特点，将追求人格美与人的完整性生存作为哲学的使命，竭力避免让中国哲学陷入宗教的迷狂与科学实证的双重陷阱。就哲学文本而言，萧先生没有书写讨论中国哲学主体性的大部头著作，但从其主编的《中国哲学史》（两卷本）（与李锦全先生共同为主编）和相关的哲学论文来看，探寻中国哲学主体性，可以视之为其哲学活动的精神与灵魂。他在总结近现代中国哲学的活动时说道，我们"既要摆脱近代史上曾经有过的'中体西用'、'全盘西化'、'本位文化'之类的老框框，又要反对失去主体的自卑思想。正确的主体思想来自历史创造活动，来自对历史形成的文化现实及其发展的正确理解"。[1]因此，当我们讨论中国哲学的主体性问题时，决不是只从这样一些哲学现象出发。如某个、某几位自命为哲学家的人创建了一整套的哲学体系，这套体系被几个外国的学生所研究，在一些国际学术会议上有中国人的声音，并得到一些外国人的应和，就算是体现了中国哲学具有自己的主体性。中国哲学的主体性应当表现为中国人在全球化的进程中确立起中国人的现代性，建设起中国式的现代化，并在此客观的进程中，确立起中国人哲学思想的主体性。

　　由此种马克思主义的哲学观出发，中国哲学主体性的问

---

[1]　萧萐父：《吹沙集》，巴蜀书社，1991年，第44—45页。（本书所引内容均来源于1991年巴蜀书社出版的《吹沙集》，后文不再重复标注，只注明页码。）

题，首先表现为全体中国人在现代世界中的主体性。没有这一主体性之确立，就很难有真正中国哲学的主体性。

其次，中国哲学主体性并不意味着对其他民族哲学的主体性的忽视与压制，不是在黑格尔"主奴"哲学的思维框架下来讨论中国哲学的主体性，而是在现代的主体间性的意义下来讨论中国哲学的主体性，即在全世界人民大众成为社会主体的前提下，来讨论中国哲学与其他民族哲学的"间主体性"。

再次，中国哲学的主体性，当然要通过哲学家的哲学著作来实现。但这些哲学家的哲学著作应该正确地反映中国人民大众在全球化时代的社会实践及其成就，善于吸收世界范围内其他民族的优秀思想成果，创造出与当代中国社会现代化事业相适应的思想与理论，且对于世界范围内致力于自己民族的独立解放，以适合自己民族的方式走进现代文明的其他民族具有借鉴意义的思想体系。这就要求中国哲学的主体性不能只是反映中国人追求现代化生活的精神形态，而且还应该具有最广泛的世界史意义。因此，中国哲学的主体性应当与中国哲学所具有的最广泛的人民性保持血脉的联系。

最后，中国哲学的主体性还要在新的全球化时代表现为中国智慧的引领性与人类和平共生、可持续发展的中国秩序观。若地球的生态环境恶化、气候危机进一步加剧，则一众发展中国家就会与发达国家之间形成尖锐的资源竞争关系。既要发展又要和平的"兼得"智慧，就需要中国哲学在新的历史条件下吸取全球其他民族智慧的前提下，提供新的中国哲学智慧，将

"天人合一""天下一家"等古老的哲学观念经过现代的转化变成全人类都愿意接受的共生共处智慧；在全球性的百家争鸣中，以主体间性的方式，即将中国的哲学智慧镶嵌在人类一体化的过程之中，与其他民族智慧一道共同发挥积极作用，从而体现中国哲学的主体性。

萧萐父先生是具有极深中国文化修养的、中国化的马克思主义学者、诗人哲学家。在马克思主义历史唯物主义和辩证法的哲学基本原则之下，肯定人民群众的社会实践。萧先生真诚且深入地探索人类历史过程中的真理发现与人民大众当家作主的民主之间的关系，揭示中国哲学启蒙的坎坷道路，阐发中国哲学史的自我展开过程和中国哲学的诗性特质，进而展现出中国哲学的主体性。如他将古老的《周易》哲学中的"忧患意识"与人文关怀结合起来，深入探索《周易》哲学与"民族魂"之间的关系，回应国内外学术界关于中国哲学缺乏宗教性的指责。萧先生对中国哲学主体性问题的探索是从多方面展开的，但绝对没有穷尽这一问题，而只是呈现了他以自己的理论素养来回答这一中国人在全球化过程中所面临的共同问题。其所呈现出来的理论与学术成果，为我们进一步探讨并建设当代中国哲学的主体性，提供了具有启发性的思路。这正是我们需要纪念他的理由之所在。通过对他的思想探索过程的回顾与反思，我们可以更好地思考并建设当代中国哲学的主体性，以理论的方式来支撑并丰富"中国式现代化"的精神内涵，并希望有益于当代人类的和平共生，当代社会的可持续发展。

目　录

I

第一章　从《原美》到"诗化哲学"

第一节
《原美》
——追求动态和谐与创造的人生

在《吹沙二集》中，收录了一篇萧先生早年写的文章——《原美》。按照此文的落款，可知写于1948年8月，彼时，他才24岁。文章的最后，括号里有一句话："为纪念两年前大渡河上的一个美丽的黄昏而作。"从萧先生与夫人相识的时间来看，这应该是为纪念他与夫人恋爱而作的一篇哲学文章。写作此文时，萧先生还是一个青年学生，其所受的哲学教育主要是西方近现代哲学和中国传统的哲学思想，还看不到马克思主义思想影响的痕迹。但在此文中，萧先生已经表现出了极强的理论思辨能力，以及受到那个时代精神的影响——追求创造性，并将追求创造性与追求动态的和谐之美结合起来。在此文中，萧先生还突出了对人格美的追求，这与他晚年写作的《船山人格美颂——为纪念王船山逝世三百周年作》（1992年10月）一文构成了某种历史回应。

据《吹沙二集·滴水吟稿》之一《风雨忆存》部分的

诗《峨眉纪游诗》的小序记载，1946年春，萧先生与夫人卢文筠初次相识，共游峨眉山，写了一组诗。这组诗被收录在 *Pilgrimage in poetry to Mount Omei* 一书中，共有十四首，被译成了英文。1995年冬，乐黛云教授在新西兰的一个小镇发现了这本诗集，看到其中有萧萐父的诗作，立即来信告知他。后经香港友人罗孚老先生帮助，觅得该书的原版《峨眉香客咏》。这十四首诗是其少年未刊之作，但被费尔朴（Dryden L. Phelps）、加籍教授云瑞祥（Mary K. Will）两位全部收入，并译成英文。此十四首诗的中文原稿，在"文革"期间已完全散逸了。因历史的偶合而辗转到他乡，终于又重新回到了它们的故土。萧先生当年非常激动，称之为"缪斯的复归"[1]。这十四首诗主要体现的是古代文人游历名山大川时，与大自然在心灵上相契的情怀，歌颂了峨眉山奇妙的景色，同时也表达了诗人浪漫的心思。如第一首开头两句即表达了道家与陶渊明的情怀："尘外神游地，飘然野鹤心。"[2]第二首描写山中的优美景色："幽涧流泉激，疏林密霭垂。溪迴山寺近，日暮碧苔滋。"[3]第三首描写了阁内听雨而反思自己的人生追求："阁外萧萧雨，风泉澹素心。"[4]第四首则通过晴峦与百鸟争鸣，对无言的玄思

---

[1] 萧萐父：《吹沙二集》，巴蜀书社，1999年，第728页。（本书所引用内容均来源于1999年巴蜀书社出版的《吹沙二集》，后文不再重复标注，只注明页码。）

[2] 萧萐父：《吹沙二集》，第713页。

[3] 萧萐父：《吹沙二集》，第715页。

[4] 萧萐父：《吹沙二集》，第716页。

与忘我的境有所体认："晴峦云自吐，幽谷鸟争鸣。不入无言境，安知忘我情？"[1]接下来的十首，均借景抒情，表达与古代高人情致的相通，其中第五首用诗的语言记录了当时两人旅游的情景与寻找飞泉的情趣："听雨围炉夜，山中四月凄……飞泉在何处，笑指翠崖西。"[2]第六首的结尾处，表达了古代高士的情怀："六合神游遍，长歌怀采薇。"[3]第七首"直心宁独觉，无待自相忘"[4]，表达儒道兼综的高士情怀。第八首结尾两句："鸥梦灵签证，云心漫寂寥。"[5]第十一首则含蓄地表达了对现实的不满："空思齐物论，何处任天游？"[6]第十三首则是"不见仙源路，予怀渺渺愁"[7]。

十四首诗虽然是青年时代热恋中的萧先生的抒情之作，但在山水浪漫表象下透露了诗人的家国情怀、人生高洁的理想，以及通过山水而参悟人生哲学的理性思考，青年恋人的那种柔情蜜意反倒没有过多的体现。由此十四首诗出发，再来反观《原美》一篇对动态和谐之美的思考，就更能理解诗人晚年为何重提"诗化哲学"的理论追求了。

《原美》篇晚年的题记是为纪念1946年大渡河上的一个美

---

[1]　萧萐父：《吹沙二集》，第717页。
[2]　萧萐父：《吹沙二集》，第718页。
[3]　萧萐父：《吹沙二集》，第719页。
[4]　萧萐父：《吹沙二集》，第720页。
[5]　萧萐父：《吹沙二集》，第721页。
[6]　萧萐父：《吹沙二集》，第724页。
[7]　萧萐父：《吹沙二集》，第726页。

丽的黄昏而作，这可以理解为萧先生对他们当时所讨论的人生问题的哲学上的反思与总结，当然也包含着对游历峨眉山的反思与总结。游历峨眉山的十四首诗，含蓄地表达了对当时社会的不满。《原美》的哲学理性反思在于对人生的出路问题，要给出一个积极的答案。就《原美》的第一段文字而言，萧先生想要从生命活动的历程中把握人生的完整性与完整性的人生，力求在知与行，特别是人格的自我实现中来体现美的整体与和谐。他认为："人生是整谐的统一体，不可分割"，"生命活动历程底意义本身只是一个整全而具体的实在"[1]，"知识活动既是生活历程以内，因而也可以纳之于实践范畴之中。"[2]而"道德自我的内在人格，既可作观赏的对象；智慧与情操底完整形态，也正是一种实现的价值"[3]。

萧先生在《原美》篇中，对于当时西方哲学界所关心的事实与价值的矛盾、伦理学上的自然主义与理性主义的对立问题，尝试从其所构想的"整谐"的人生统一体的角度予以回答。他认为，事实与价值、自然主义与理性主义的两套命题是可以统一的，"正如人生历程与其理想不可分离一样，所以事实生活与价值生活是重合的！"[4]因此，萧先生的结论是：

---

[1]　萧萐父：《吹沙二集》，第370页。

[2]　萧萐父：《吹沙二集》，第371页。

[3]　萧萐父：《吹沙二集》，第371页。

[4]　萧萐父：《吹沙二集》，第373页。

　　人生的历史是在事实的平原上创造着价值生活或意义生活。价值理想渗透了整个人生历程。整个宇宙呈现于我们为一个可理解的意义系统；整个人生呈现于我们为一个价值实现的历程。[1]

从对上述价值的认识与肯定出发，萧先生将美学讨论的范围加以扩大，认为美学不仅是诗文的自然美与艺术美的问题，还应该贯穿到生命的律动过程之中。他说："让我们扩大美底领域，尤其是把它贯注在生命律动以内，因为我们认为美是一种意义底展现，它渗透了整个内界与外界底真实。"[2]

扩大范围之后的美学究竟包含了哪些内容呢？萧先生给出了自己的回答。他说：

　　美既不仅是感觉经验的事实，也不全是事物客观的属性；性爱的升华与形相底直觉都各有所偏；精神的展现与形质的契合亦不能把握美的整全；我们简单的结论是：美是规范意识所觉识到的价值系统底一面，它是一种渗透在现实中的理想，是溶注在存在中的价值，由于它是普遍的价值意识所摄的对象，所以它贯彻了整个宇宙与人生。[3]

---

[1]　萧萐父：《吹沙二集》，第373页。
[2]　萧萐父：《吹沙二集》，第375页。
[3]　萧萐父：《吹沙二集》，第376页。

　　萧先生将美看作贯彻于整个宇宙与人生的一种价值意识，这种价值意识就其人的精神成长过程中所表现的逻辑进程而言，大体上需要经过四个阶段，即由对形体美的认识，到智慧美的把握，再到情操美，最后达至人格美的完成阶段。而这四个阶段的美似乎可以表现为两个不同的领域，一是一切艺术形式所呈现的"静的和谐"（Static Harmony）和古希腊阿波罗静穆式的智慧之美（Intellectual Beauty）；二是在人生的领域所表现出的"动的和谐"（Dynamic Harmony），同时亦是美在第三、第四这两个阶段所表现出的情操美与人格美。

　　美的前两个阶段所表现出的"静的和谐"之形态，比较容易理解，但美的后两个阶段所表现出的"动的和谐"的形态中，情操美与人格美该如何区分则需要略加解释。在萧先生看来，情操美仅是一种爱的热情，无论是宗教式的狂热，还是"扩大和深蕴的爱"[1]，都还处在一种情感形态之中，没有与一个人的精神品格联系起来。一个人只有当他的"道德自我从一切矛盾混乱与矛盾中解放出来，达成'从心所欲不逾矩'底高度自由，这时人格的尊严表现了美的最高境界，我们称这种意志的绝对自由与高度和谐为'道德美'或'人格美'（Moral Beauty, or Beauty of Personality）"[2]。

　　20世纪40年代后期，抗日战争的胜利鼓舞了全国人民的

---

[1]　萧萐父：《吹沙二集》，第377页。
[2]　萧萐父：《吹沙二集》，第378页。

士气，但内战又让很多中国人陷入新的痛苦之中。这一时期的
萧萐父，是中国共产党外围组织的进步青年，既受五四新文化
运动的精神影响，又受到了鲁迅等进步作家的文学艺术作品的
影响。他部分地阅读了马克思主义的一些宣传性作品，因而在
人生观方面选择了一种创造的、进化的思想体系，但也不是被
动地全盘接受，而是经过自己的消化、吸收，用自己民族的现
代汉语形式初步凝练出自己的思想的系统表达方式。他说：

> 由于人生是动进的，创化的，所以人生美表现在智
> 慧，情操与道德底领域内也是动进的，创化的。这种精神
> 生活底"美"的意义，我们称之为"动的和谐"（Dynamic
> Harmony）。[1]

从理论的统一性角度看，萧先生主张四种美不相矛盾、不
相排斥。但从他的人生追求来看，则是追求更高的情操美与人
格美，并用情操美、人格美统率前两个阶段的静态的美。他在
此文的结尾处说道：

> 一幅画、一支乐曲或一首诗，如果不仅具备了形式的
> 完整，而且蕴涵了澄澈的智慧，深挚的情操与庄严的人
> 格，则它始能称实现了最高的美；而一个人如果能贯彻和

---

[1] 萧萐父：《吹沙二集》，第378页。

谐底观念，灵魂与外表，内界与外界生活都获得究竟的调
协与融合，则它把人生美底价值理想完全地实现了。但是
动的和谐必须动的把握，所以，人生底意义在本质上应该
是一种无穷的扩大与充实——创造！[1]

很显然，青年时代的萧萐父其实已经融庄子、孟子的人格
理想与现代性的创造精神于一炉，尝试锻造出现代中国人动态
的人格美。换句话说，青年时代的萧萐父尝试以自己所凝练的
动态的人格美来统摄古今中外一切关于美的理念思想。上述引
文中所提及的人生底意义的"无穷"境界，应当来自庄子对于
无限的追求；而扩大与充实的过程论与精神实有论，则明显
来自孟子"充实而光辉之谓大"的理想人格。但此时的萧萐父
并没有停留于古人的精神境界，而是将现代西方"创造的进化
论"思想加以吸收与改造，取其抽象的"创造"之意，而与中
国传统固有的庄、孟精神结合起来。回顾萧先生晚年在讨论中
华文化的当代发展问题时所提出的"两化"理论——"中国传
统文化的现代化和西方先进文化的中国化"[2]，我们似乎可以看
到，其自早年理论思考开始，就已经自觉地走在"两化"的道
路上了。这种独特的文化综合创新的思想与实践之路，注定其
一生的哲学思考、哲学教育与人生实践，要走一条不同于其前

---

[1] 萧萐父：《吹沙二集》，第379页。
[2] 萧萐父：《吹沙三集》，第8页。

贤和同时代人的“诗化哲学”之路。萧先生在极其繁重的哲学教育、学科建设的工作岗位上始终保持着诗歌创作、书法与篆刻艺术的实践活动，在历次历史事件中保持着一种古代士人的高尚人格美。

现在，我们似乎可以说，他是用自己的人生创造践行着他自己在《原美》一文中所预设的“动的和谐”之美的理念。

第二节
葵心不改完美志，慧境芳情两护持
——萧萐父诗歌的情与理

序曲：理解者的歌

他似乎是位智者诗人

——"悟到空花别有痴。"[1]

但他心期着完美

——"史路坎坷怜卞玉，心期曼宵觅玄珠。"[2]

他是位批判者，但很宽容

——"不二楼前集众音，如来欢喜百家鸣。"[3]

他终究是位诗人智者

——"灵台通九境，春意自无涯。"[4]

---

[1] 萧萐父：《吹沙集》，第595页。
[2] 萧萐父：《吹沙集》，第623页。
[3] 未刊稿《五台行吟稿》。
[4] 萧萐父：《吹沙集》，第620页。

　　因而他把批判锋芒蕴涵在包容意识之中

　　——"龌龊奴儒须扫荡，汪洋学海任通观。"[1]

　　他真像一株老松，历尽风霜，却面向未来

　　——"神州慧命应无尽，世纪桥头有所思。"[2]

　　正值萧师萐父教授七十寿辰，得以窥视先生生平所作之诗。从已刊的诗作来看，诗人寻求完美的精神意象十分鲜明。这种寻求完美、老而弥坚的精神冲动，不仅使诗人早年在个人人生择业问题上产生过极度矛盾的心理——"诗情慧境两参差"；而且随着诗人人生体验的增加，对历史、慧命的体悟逐步加深，对人类共同命运的思索愈来愈鲜明、强烈，并从生活细微之处捕捉到诗的灵感，其诗透射出一个探索美与真的精神行者毫发入微的智慧。通读《吹沙集·滴水吟稿》可以发现，正是在这种"寻求完美"的精神冲动减弱之时，即诗人在对生活的体验只有"诗情"而缺乏"慧境"时，并且也正是在与诗人同时的一代学人沉浸于"十年巨浪开新国，一点痴情结素心"[3]，"恰是艳阳天气好，春兰秋菊正葳蕤"[4]这样一种单纯的激情之中时，丧失了"可以断金"的批判锋芒，才导致一代中国学人"慧

---

[1] 《汤用彤先生百年诞辰纪念文集》。
[2] 萧萐父：《吹沙集》，第614页。
[3] 《1957年元旦有寄》，《吹沙集》，第598页。
[4] 《1957年7月到汉皋》，《吹沙集》，第599页。

思"的钝化，接着而有了诗人80年代的沉痛感叹："坎坷道路休回首，凝睇於菟再启蒙。"但是，诗人还有不同于同时代有些人的地方在于：他没有沉沦于对往日迷途自怨自艾的情结之中，而是凭着从20岁就开始内养的"素襟"——"灵均芳草伯牙琴"，很快幡然醒悟，继续执着地向着真与美的境界迈进。

任何个人的终极价值追求，都与其所承续的文化传统和特殊的人生际遇紧密相联。"寻求完美"的精神冲动，是与诗人早年特殊的人生体验相关的。首先，特殊的诗书家庭和激荡的革命时代，使得年轻的诗人在诗情与慧境的两难选择中不忍割弃任何一方，因而也就在两难的抉择中熬煎生命。《自题吟稿》（1945年夏）便如实地记载了诗人的心理历史状态：

> 诗情慧境两参差，犹忆荒江独立时。
> 海燕孤飞翻有梦，春蚕自缚尚余丝。
> 堪怜丽思纵横处，难解狂歌叱咤辞。
> 文藻江山摇落撼，飞凉萝月又眠迟。

讲求逻辑的理性思维不能深入诗情的澎湃无序，对历史的理解还必须借助历史的感情、人的情感体验。这便是诗人在晚年《火凤凰拾遗》（未刊稿）扉页上所题的："没有'人的感情'，就从来没有也不可能有对于真理的追求。"[1]因此，上诗腹联两句意思是：要理解《楚辞·天问》这篇对天的叱咤之辞，仅凭可爱的逻辑思维是不够的。

其次，诗人这种"诗情"与"慧境"的矛盾纠缠，更是诗人承续的特有文化传统和当时不完满、令人既痛苦又深深忧患的现实相互激荡的结果。从其承续的文化传统来看，他主要是汲取了传统中融南北文化于一体，并自成经纬的南楚文化精神——庄屈神韵。这一南楚文化精神包含这样几个层次的意蕴：① 追求个人内在的人格美；② 积极干预、批判、变革现实的入世精神；③ 对人生的"心印"际遇的特别关注。这在《滴水吟稿·劫余忆存》《甲申乙酉杂诗忆存》部分得到较充分反映。如其一云："二十年来养素襟，灵均芳草伯牙琴。闲云野鹤添惆怅，独向沧波觅楚吟。"[2]这种"庄屈神韵"是诗人在"心期完美"的人生道路上，不断吐故纳新的内在精神的活水源头，也是诗人不断校正自己人生航向的精神坐标。这一"庄屈神韵"经"五四"新文化的洗濯，再加上马克思主义实践唯物主义精神的提纯，成为诗人为自己铸就的特殊思维之剑。不理解诗人这一融中西文化精髓的内在气质，就难以理解甚至不能理解诗人在20世纪80年代后崇庄屈而批评儒家伦理异化的

---

[1]　诗人转引列宁评尼·亚·鲁巴金编《书林概述》之语。见《列宁全集》（第20卷），人民出版社，1965年，第255页。

[2]　类似句子《劫余忆存》中还有，如《甲申乙酉杂诗》其三："烟涛海上琴心远，明月天风独立时。"其六："惆怅难招化蝶魂。"其七："岂为招魂写万梅。"词中有："焦桐难写鹓雏恨，吓鼠寒鸱不解羞。""怕对秋灯读楚辞。"

学术思想转化。

从现实的运动看，经受了"五四"的科学、民主，以及由苏联传来的马克思主义思想的洗礼，正处在青春热血沸腾之际的诗人，对蒋家王朝造成的抗战胜利后的国内分裂状况，深怀不满、倍感忧患。《鹧鸪天》（1946年9月，将之汉皋、和元宜、吉权、深之《秋感》韵）几首词，便从现实层面上揭示了诗人这种充满矛盾的人生选择。第一首（按编著次序）词借写秋冬的景色，含蓄表达了对祖国纷乱状况的痛苦情感。"蘋渚外，蓼汀前，萧萧落木满秋山。红衣褪尽莲心苦，谁忆明珠叶上圆？"* 荷花落尽，绿叶凋残。莲心苦，即怜心苦的谐音双关，借南北朝民歌常用的文学手法，暗喻爱心苦。爱什么？爱民族、国家，把民族团结、国家复兴比作绿荷上晶莹圆转的水珠，寄托了对祖国完美形象的无限深情。第三首，对祖国的前途寄予了深远的忧患。当抗日战争胜利后，以蒋介石为代表的国民党政府采取了历史上统治者惯用的手法："飞鸟尽，角弓收。"（其二）怀着不可告人的目的，从事一系列的阴谋活动。诗人以《庄子》中"鹓雏寒鸱"的寓言故事，讽刺了国民党政府的小人心态："焦桐难写鹓雏恨，吓鼠寒鸱不解羞。"（其二）基于对当时"淮水碧，蒋山斜，几多猿鹤几虫沙"（其三）的蒋家王朝衰败气象的认识，诗人对当时噪如暮鸦的猜测时局之声公开蔑视。黑暗的现实，促使诗人关注未来的命运，从而也

---

* 原文为句号。

自然而然地要求诗人加强对"慧境"的修炼。既然"愀枰一局谁堪问，愁听荒城噪暮鸦"，那么诗人就必须在暮鸦噪声之中，鸣出雏凤之音。因此，诗人就不能停留在"怕对秋灯读楚辞"（其四）的感伤之中，他注定要"飞凉萝月又眠迟"（《自题吟稿》），用对未来的感情之波，浇磨在现实之砥上的历史逻辑思维之剑，呼唤春天，"问梅花讯"。[1]

　　但现实给予诗人的选择是什么呢？通读《吹沙集·滴水吟稿》，我们发现，在1946—1956年这段对个人来说不算很短的时间里，诗人竟然没有一篇诗作*。甚至《吹沙集》中，这一时期的文章亦未收入一篇。换句话说，诗人并不是没有发出声音，而极有可能是把自己整个交给了革命，交给了当时进步知识分子认准的民族、民主的人民革命事业，成为革命洪涛中的浪花一朵。这种忘我的奉献，正是诗人内在的"庄屈神韵"的第二层内涵，在特殊历史际遇中充分展开（历史上的屈原，此时——指其中年——正投入楚国的改革事业之中，而中年的司马迁也正畅游祖国河山，寻访逸亡史迹，为《史记》创作做准备）。可以这样说，没有这十年人生实践上的忘我奉献，我们就很难想象诗人为何会在后来的历史坎坷中，能有对"完美"执着得近乎固执的追求，甚至也不会见到他晚年精神宝刀不老、历久弥新的状态。

---

[1]　《1946年冬，珞珈风雪，纤情难遣，寄调〈水龙吟〉》，《吹沙集》，第598页。

*　可能散佚了，亦可能未收录。

不可否认，诗人没有超越历史。因为他一直在历史之中积极活动着。因此，他亦像绝大多数中国人尤其是中国的知识分子一样，曾以为寻得了他心中早年梦想中的"完美"。1957—1966年的几首诗庶几表达了这种感受。尽管诗人对现实局部的不完满有清醒的认识，但仍寄希望于未来："高峰路远相携去，不畏艰难决意行。"[1]但希望似乎就在眼前，而且实现希望的可能性已露端倪；特别是诗人经历了战乱时代，再看今朝时，更表现出探得"红梅芳信"后的喜悦。《1957年元日有寄》和《1957年7月初到汉皋》两首七言律诗，表达了诗人心情的转换，他不再有诗情与慧境的"参差"[2]，而似乎只有诗情。《元日有寄》云：

> 犹记湖山残雪后，红梅芳信苦探寻。
>
> 十年巨浪开新国，一点痴情结素心。
>
> 烈火熔炉钢未熟，春膏原野草初生。
>
> 高峰路远相携去，不畏艰难决意行。

"初到汉皋"一诗也是在"回首沧波"的历史比照中，凸显出诗人当时喜悦的心情："峥嵘诗律归平实，寂寞玄莹入细微。恰是艳阳天气好，春兰秋菊正葳蕤。"应该说，诗人从四

---

[1] 《1957年元旦有寄》，《吹沙集》，第598页。

[2] 参差：依我解，此词有二意，一是相互对峙，一是错落、纠缠。

川调到武汉大学这种舒畅、踏实的心情，是具有历史真实感的，而且也代表了那个时代从动荡的旧中国走过来的进步知识分子的"痴情""素心"。这种"痴情"和"素心"的普遍性，从悼亡友仲吕诗中亦曲折地表露出来："真理明辉似太阳，葵心同结煦春光。十年革命风涛里，诚挚相期百炼钢。"[1]可见当时一批进步知识分子，对刚刚建立的社会主义制度是充满无限信任之情的。他们皆相许在这一新制度里完成人生的"凤凰涅槃"。在这段历史时期里，诗人把乐观心境投射到现实之中，无处不显露出诗意的光辉：

> 炼就丹心一点痴，灵峰崎路莫迟迟。
>
> 海涛不比胸涛阔，天外云帆笔外诗。[2]

"海涛不比胸涛阔"一句，是那个浪漫狂热时代诗人含蓄地表达。对那个"大跃进"时代的美好憧憬，使许多知识分子大有倾翻三江水、难抒大地情的感觉。"天外云帆笔外诗"，不正是充满诗意的审美认识么！

要说诗人（及同时代学人）完全丧失了"慧思"是不公正的，但他们的"慧思"被牵进了神庙，披上了文绣则是确实的。"慧思"不是主体加之于生活的真实体悟，而是被用于对

---

[1] 1959年《大别山哭仲吕》，《吹沙集》，第599页。

[2] 《1959年7月随李达同志赴青岛海上吟》，《吹沙集》，第600页。

经典的阐释，用于经典的一般性与现实的特殊性相结合的律师式的辩护（难怪诗人在80年代傅山三百周年祭的组诗中云："坷坎道路惊回首，愧向山翁说启蒙。"），如同属与李达青岛行组诗的另一首云："曼宕雄奇不自夸，鱼龙风雨各为家。洪涛滴水原同体，坐看巉崖扑浪花。""洪涛滴水"句，诗人把佛教的现象与本体关系之喻引申为人民与个人的关系，这正是当时社会的共同性认识。"坐看巉崖扑浪花"，诗情与慧境可谓融为一体，具有禅的通脱、轻松、活泼、自在，诗人闲适悟道之态跃然纸上。《1964年春，雨霁登长城》之三中，诗人历史哲学的思维之剑，也仅仅用来拨弄早已被打翻在地的"英雄史观"之尸而已。"搏战千秋史迹彰，岂容信口说雌黄。蒙恬纵有长城盾，不敌英雄大泽乡。"

更公正地说，诗人及同时代的学人均因沉浸在一种探得"红梅芳信"后的喜悦之中，把自己连同整个的信仰、思维能力都交给了经典，因而钝化了自己的"慧思"（他们何尝丧失了"慧境"的磁场）。直到《1963年除夕题卡赠友人》一诗，仍表达了诗人在"大跃进"之后的乐观情怀："梅蕊冲寒破雪开，东风指日扫阴霾。灾痕消净春潮涨，吸取诗情向未来。"《1966年2月学习焦裕禄同志事迹》一诗，亦还保持着悲壮激情："神州处处追奇志，遍地春蕾破雪开。"可以说，诗人及同时代人"慧思"的钝化，是导致中国历史上前所未有的荒诞时代的主观原因之一。

历史似乎总爱与人唱对台戏。当人们把现实当成理想王国时，它就用沉痛来教训这一代人。仿佛理想永远只能是理想，它只具有在比照现实的不完美时的批判功能，而不该具有真实性。这是令追求完美者最为劳神与伤心之处。当人们陶醉于一片欢呼、赞美之中，当人们不理睬守卫之雁的报警鸣叫之时（如马寅初的人口论等），遭殃受灾的将是一群人。80年代以后，随着中国历史航向再一次校正，随着改革开放的深入，诗人的慧境又重放异彩。在经历了一场如梦如醉的人生体验后，幡然醒来的诗人发现：往昔如火如荼日，而今唯余“诗骨”与“童心”。如《火凤凰吟·戊午辛酉杂诗》其二所云：“飘坠尘霾未化泥，童心诗骨两嶔崎。”诗人“相呼春郊路”的“如火青春”岁月，已变成追忆的历史之梦了。而现实则是“兰芽”处处破土出，“新涨湖波漾碧莎”。但诗人并不像有些人那样，始终沉浸在“说剑谈玄总惘然”的个人悲欢情怀之中，而仍然是“雪后孤山情似旧，心期一片缀红霞”“三年灵艾绒难捣，一瓣痴葵蕊不枯”，保持着对美与真执着追求的信心。他仍然排斥早年就不取的“闲云野鹤”局外人的处世态度，而且因为经历了十年（1946—1956）“大我”悲欢的人生体验之后，改变了早年孕育的“独向沧波觅楚吟”的个人英雄主义思想，把个人看成是民族精神历史运动接力赛中的“一棒”。他一方面自觉地协合同道，编写《中国哲学史》，在学术界中寻找同路人——“耻学成连独鼓琴”；一方面真诚地把自己奉献给下一代，甘当思想史的铺路人——“掘尽心泉为树人”（这虽是诗人赞他人之语，亦可转赞诗人，下详）。仿屈原“树兰九畹”

的理想，寄希望于未来："九畹兰心凝史慧，五湖鸥梦入诗篇。"因此，诗情因带有深厚的历史感变得更加深沉了。诗人已不再纠缠于个体生存方式的完美追求，他似乎已认定了诗情与慧境参差的人生实际生存状态；也清楚地明白理想中的完美与真正历史现实的区别。但诗人没有停止对"完美"老而弥坚的追求，而只是把这种寻求完美的精神冲动投向更加广阔的中西文化交融的视界——"碧霄鹤引诗情远，世纪桥头有所思"[1]，投向了更加纵深的未来历史进程探索之中——"神州春色东南美，吸取诗情向未来。"[2]一方面，诗人接续近代学人长期以来对此问题的思索，企图再圆中西文化交融久久未圆之梦；另一方面深知完美不在此时，而把希望寄托给未来，寄托给下一代，并自觉地为培养下一代而努力。因而从整体来看，诗风一扫前期抒情的忧郁和中年的豪情明快，而表现出偏重理性启蒙的深沉特征——"诗情不羡云中鹤，慧境宁同井底蛙？"*[3]

就中西文化交融问题的思考来说，诗人坚持中国文化的未来在于将西方文化放在具有深厚传统的中国文化的近代化根芽之上，即诗人的代表作《中国哲学启蒙的坎坷道路》中所阐述的明清启蒙思潮上。他继承马克思主义学者侯外庐等人的学脉，"冲决网罗凭指点，侯门学脉孕新图"[4]，寻找中西文化的

---

[1]　汤用彤学术会上所赋之诗。见《序曲》注释（5）。
[2]　《赴南京祝贺东南大学中西文化研究交流中心成立》（属未刊稿）。
*　　原文为句号。
[3]　萧萐父：《吹沙集》，第606页。
[4]　《邱汉生先生寄赠四绝、步韵敬和》其三，《吹沙集》，第610页。

"接合点"。在受国家教委委托编写《中国哲学史》的过程中，力求贯彻中西融会的特点，以马克思肯定的黑格尔圆圈理论，来编写中国哲学发展史。他顶住了当时哲学史界的一些责难，协合同道、聚集众智，编写完成了20世纪六七十年代后较早摆脱日丹诺夫（Zhdanov）模式而以历史与逻辑相统一为指针的《中国哲学史》教材。1980年国庆节《编书组欢聚广西北海市，即席吟》一诗，表达了诗人当时的中西文化观和更新中华文化面貌的深情：

> 相携海上听潮音，耻学成连独鼓琴。
>
> 千顷鸥波增慧解，百年龙种结童心。
>
> 圆圈逻辑宁难产，批判锋芒可断金。
>
> 同缫新丝结蛛网，荀卿蚕赋费沉吟。[1]

不过，诗人在坚持西方文化与中国传统文化相结合的观点时，似乎在强调一种文化融合的方式、方法，而与"中体西用""西体中用"等说法不同，他似乎更倾向于中西文化的共同性、共通性，即"自古慧心无国界"。只是在共通性、共同性的基础上寻找差异性，也即诗人一再在理论中反对的"体用两橛"思想。诗人特别喜用"水"的流动意象来比喻文化行程，只把西方文化看成流经异域的"源头活水"，在本质上

---

[1] 萧萐父：《吹沙集》，第606页。

与中国文化一致，只是流经的地理位置不同，河流走向各异而已。引进西方文化不是引进异质的东西，仅仅是引来新的源头活水增加本民族文化流动的流量和生命力。诗人1985年秋赴兰州大学访敦煌时说："今日我来寻活水。"直到1992年访德时亦说："秦伦泛海客东吴，马可欢游语不诬。今日西行寻活水，灵泉何处润心芜？"（未刊稿）

中西文化近代以来一直处于冲突之中。西方人自恃高度的物质文明，傲慢一世；中国人则自负悠久的文化传统，诚心不服。中西文化各有偏执，这是当代研究者的共识。有识之士"圆梦"的共同企求，在诗人《访德杂诗》其二中，便用诗的语言生动表述出来了（未刊稿）：

> 雄鸡唱晓破霾天，史路崎岖三百年。
> 唤起莱翁共商酌，东西慧梦几时圆。

与中西文化交融问题思考相关的另一面，是对历史与未来的思索。当诗人经历一番空前浩劫之后，深知过去与现实实境的残缺、遗憾，已无法填补，他所剩下的，也是更加切肤体验到的，只是对完美的不断希望、寻求。这在1992年7月参加五台山全国佛学会议期间所作的一诗中，得到最直接的表达："老松似解文殊意，历尽风霜向未来。"这种"心期未来"的意象，在80年代以后的诗作中，反复出现。他或借"春""红霞"等美好意象象征未来，或对学生、弟子寄托希望，把"未来"具象化，或直抒心情，充满对未来的希望。在更高的层次上，是对诗人早年就已孕结在精神中"红梅芳信"的"完美"情结的回归，但更增添了历史厚度。如《傅山三百周年祭》之十三云："鹃血招魂招未得，野人天际盼春潮。"《戊午辛酉杂诗忆存》其一："凤凰烈火讵成灰，复见天心蕴雪梅。湖海行吟诗未老，律吹寒谷唤春来。"其三："薰风弦语护兰芽，新潮湖波漾碧莎。雪后孤山情似旧，心期一片缀红霞。"《奠鹤鸣师》（李达）其四："今朝喜听春潮急，野祭招魂咏楚讴。"这些唤春、盼春的诗句，深刻地展示了诗人历尽劫波、葵心不改，对完美的追求"九死未悔"的意志。他甚至也以这种"心期完美"的眼光去观照前辈著书立说之意。在读孙叔平先生《中国哲学史稿》的赠诗中写道："两卷呕心史，深情向未来。"在悼祚隆的诗中，亦以"心期完美"的主体情怀去理解他人的敬业之意："知君深体园丁意，掘尽心泉为树人。"这虽是对好友祚隆一生耿耿于教育事业的赞颂，又何尝不是诗人主体的历史自觉！从他对历届研究生毕业的赠诗中，亦可窥见诗人主体心向完美、寄厚望于未来的浓烈情感。如1984年赠黄卫平等人毕业诗云：

　　　　海底蛟珠偏似泪，火中鸣凤最关情。

　　　　送君者自其涯返，奔逸绝尘盼后生。

1989年赠李大华等人毕业诗亦云：

史路坎坷怜卞玉，心期曼窗觅玄珠。

愿君深体愚公志，笠锄明朝绘远图。

当然，诗人在回首历史、体察现实时，虽"心期完美"的精神不老，但在执着中也不乏苍凉、悲愤、迷惘等心境。一方面，身边及同时代的学术师友中，有些人负屈含冤地离开人世，虽身后得到昭雪平反，但毕竟留下了不可弥补的历史缺憾，正如《奠鹤鸣师》其三所咏：

难续史观惭后死，抚摩遗札泪如泉。

1981年书答成都老友诗云：

卅年龙血离朱眩，四野鹃声郢客悲。[1]

另一方面，又因历史本身的复杂性，在反反复复的曲折节骨眼上，确也使诗人产生了迷惘、苍凉的心境——"耻随渔父扬泥滓，漫向长沮问去津。"（未刊稿）[2]从内心深处说，诗人本不愿意讨教于长沮，但"当局者迷，旁观者清"的历史经验理性，迫使诗人不能不向逍遥局外的"闲云野鹤"般的"长沮"

---

[1] 萧萐父：《吹沙集》，第605页。
[2] 壬申立春，步李锦全先生之韵所作的近体七律。

等，询问人生、历史、未来的真正底蕴。着一"漫"字，把诗
人内心的迷惘、悲凉，不愿但又不能的勉强心态和盘托出。一
生追求"慧命"的人，却不能解说眼前的现象，难道还不会迷
惘？还不感到悲凉？屈原拒斥渔父"何不掏其澜而扬其波"的
从俗规劝，对天发问。诗人因特殊的时代和特殊的人生位置，
不必问天，但与屈原作《天问》的心情何其相似！尽管"绿州
情暖"可"熨心涛"，但毕竟是"泥途曳尾说逍遥，化蝶诗魂
不可招"。对于诗人自己的处境和他体验过的历史来说，已再
难有"海涛不比胸涛阔"的豪情了。尤其是时间的航船将每班
乘客即将送到目的地之时，作为辙中之"鲋"的诗人当下，当
下的诗人，怎么也难以忘怀昔日的"江海水阔"。这种因执着
追求、发问而导致的"迷惘"，在迷惘中又因追忆而将执着变
成近乎固执的"追求完美"心态，因诗人特殊的个人体验与民
族历史的普遍现实的结合，便体现了诗人在90年代里的复杂
历史情感，具有诗人自己不曾想到的多重可诠释性。

　　　　白发朱衣两袖风，萧然物外脱牢笼。
　　　　坷坎道路惊回首，愧向山翁说启蒙。

　　诗人自己的解释是："在傅山死后三百年，经历了坎坷曲折
的道路，至今尚在马克思主义的指引下摧枯拉朽，破旧立新，
继续向封建蒙昧作斗争。"故而说"愧向山翁说启蒙"。诗人
"缅怀前修，思之慨然"，但难道仅仅是慨然于坎坷曲折的历史

本体运动自身？作为一个心期完美、探索未来的诗人，是不会无缘无故地发思古之幽情的。他在坚信"'钱神'不敌'花神'力"的同时，更加真切感到的是民族的富强、命运、前途在当今的时机紧迫，"惊蛰春雷第几声？"实际上要问的是"惊蛰春雷第几遍？""海外潮声三次近"，是不是还有第四次、第五次的机会呢？几番春来又匆匆归去，中华民族"更能消几番风雨？"诗人的意思似乎是：我们不能总是"启蒙"；纵使我们有热情，但很可能已没机会了。这大约才是诗人真正"愧向山翁说启蒙"的现实情感！

然而，就在诗人这种对"完美"结局的到来急切盼望的感情之外，恐怕还有诗人不曾想到的另两层意思。其一即后续启蒙学者本身又迷信于新的经典之中，他们当中一些人只是"桓公"而非"轮扁"，未能得马克思主义哲学之真传；其二即启蒙学者所向往的"完美世界"，本身并不完美。西方启蒙学者呼唤的"理性王国"已是破产了，中国的启蒙学者呼唤的未来又是怎样呢？这些绝非诗人诗句所表达的意思，但形象大于概念性的逻辑思维，我们又何尝不以此而愧向山翁说"启蒙"呢？然而专制蒙昧又不能完全破除，这真是历史的"悖论"！但这一"悖论"似乎警告人们：代替旧的不完美的，并非就是完美。它也许是相对前面的缺陷而言，而且仅仅相对前面的缺陷而言是变得较完美了。要不，恩格斯怎么会说历史的每一次进步，都是以人类道德的退步为代价的呢？因此，"启蒙"恐怕不只是表征一个特定的思想史的历史学概念，而更应是一个人类文化历史哲学的概念，它的深刻内涵还在于揭示历史过程中人类"心期完美"的精神冲动，因而它更应是描绘人类社会心理过程的本体概念。以此来看待"启蒙"，我们则可以不必"愧向山翁说启蒙"了。我们不应仅仅是"坎坷道路惊回首"，对历史进程徒怀慨然之情，而更应是"凝睇於菟再启蒙"！不断地启蒙。怀着对完美向往的精神冲动，不断地批判，超越现有的有限存在，并再要有一点"兴风狂啸"的"虎气"。

"完美"也只能是一种形而上学。它注定要让每个追求"完美"者，"上穷碧落下黄泉"，耗尽人生精神。但人们对"完美"的"上下求索"，则可以不断地激发出人对生活、生命的热情，犀利人对现实不完美的洞察目光、批判的思维之剑。正因为人们不断地对人生、对社会、对历史的完美产生精神追求冲动，如诗人在七十自省诗之一中所道："迅翁牛喻平生志，喘月冲泥未肯休。"怀着这一不断进取的精神，用大量的语言去阐释历史，用语言和行动去批判现实中的不合理，才有可能达到一朝"对谈忽到无言处，花雨纷纷扫劫尘"的空灵境界。

历史和现实最终似乎总证实诗人"不信风姨信洛神"[1]的信仰，我也坚信"洛神"终会战胜"风姨"。除此之外，我们还有什么办法获得改造世界的动力呢？

---

[1] 见诗未刊稿。1992年赴美作《康桥吟稿》。原诗是："含笑姜花送我行，诗成险韵不须惊。茫茫海水今飞渡，不信风姨信洛神！"（按：风姨，即风神，是摧残美的恶势力代称。洛神，是美的象征。）

第三节
"诗化哲学"与人生追求

萧萐父先生是当代中国少有的几个提倡并践行"诗化哲学"的哲学史家与哲学家。他将"双L情结"规定为诗化哲学的根本特质,这是在综合了中西哲学史之后得出的具有高度概括力、又具有生动形象的诗化哲学之描述性的定义。诗化哲学所具有的情理交融的特质,既可以让哲学避免走向宗教迷狂,又可以让哲学避免走向狭隘的科学实证。传统中国哲学所具有诗化哲学特质,恰恰可以为中国哲学在世界哲学之林保持自己民族的特有风貌。从诗化哲学的角度改写中国哲学史的叙事方式与叙事框架,也许是一条值得探索之路。

一般而言,哲学主要体现人类运用概念进行抽象思维的能力,其中也包含了历史理性与反思理性。作为一种知识或学问体系,哲学主要体现人类思维中重视理性、逻辑的面向或维度。哲学思维中也有想象或联想,但哲学的想象与联想,主要是一种运用概念进行普遍化思考的能力,与文学艺术中运用具体形象进行比喻性的思考极不相同。如果以艾儒略《西学凡》

一书的出版为标志，西方哲学传入中国实际上已经有四百余年的历史了。如果以学科建制——北大哲学门的成立为标志，也有一百余年的历史了。但对于中国有没有哲学、中国哲学是不是哲学等的质疑，时常还是有人以不同的方式重新提出加以讨论。而这些问题的实质，借用乔姆斯基转换生成语法[1]的方式来加以重新表述，其实就是在追问中国哲学究竟具有什么样的独特性。

作为人类理性思维方式的一种，或者说作为一种人文知识与思维方式而言，哲学具有普遍性是不言而喻的。黑格尔在其《哲学史讲演录》中说"中国没有哲学"，其真实的意思是说中国没有自由。因为黑格尔的哲学观是"哲学是人类自由的思想"。德里达认为中国没有哲学，其实是说中国没有他要批评的西方传统中的"形而上学"那一类的哲学。他认为西方形而上学是哲学的堕落，他要的是思想而不是西方哲学传统中的形而上学的说法。但他认为中国有思想。不管是黑格尔所说的"哲学"，还是德里达所说的"哲学"，作为理性思维方式的哲学，中西哲学都有大体类似的哲学思想。但不可否认的是，在人类文明漫长的发展历史过程中，哲学是深深地打上了民族

---

[1] 乔姆斯基的生成语法理论认为，"每个SD（"句法描写"的缩写，引者注）有一个深层结构和一个表层结构。语义组成部分赋予深层结构一个语义解释，而音位部分赋予表层结构一个语音解释。"（《乔姆斯基语言学哲学文选》，徐烈炯、尹大贻、程雨民译，商务印书馆，1992年，第8页。）本文仅是借用此一说法，意谓有关"中国哲学独特性"的这一问题，可以用不同的提问方式来加以表达。

文化特色的，而不像自然科学那样具有普遍性。简洁地说，若以古希腊哲学为比较与参照对象，中国先秦哲学则更多地表现为对社会政治与伦理的关注，古希腊哲学则表现出对形而上学以及普遍的哲学方法的关注。如果以欧洲哲学为参照系，漫长的中世纪哲学，公元3世纪以前主要表现为希腊化的哲学风格。公元3世纪到公元16世纪后半叶，有一千四百余年的哲学历史，主要表现为基督教的经院哲学，这一点与中国汉魏晋隋唐宋元明这一"经学时代"（冯友兰语）哲学思想的丰富性与多样性相比，反而略显逊色。在当代中国人的一般意识之中，一谈到哲学，人们往往自觉不自觉地想到古希腊哲学和近现代哲学。然后用这种不甚全面的西方哲学发展史作为西方哲学的全貌，以之反观中国哲学，进而对中国哲学进行"判教"，然后说中国哲学不是哲学，或者说中国没有哲学。21世纪初的中国哲学界，曾经短暂地兴起过有关"中国哲学合法性"问题的讨论，[1]实际上也与这种哲学观或哲学史观有关。古希腊哲学与近现代西方哲学，主要表现为以理性思维为特征的哲学形态，其主流是英国的经验主义和法国、德国的理性主义。[2]但其中也有一些非主流的浪漫主义的哲学家和哲学思想，其中德国的浪漫派哲学思想，就是以诗化的哲学为追求目标，反省并

---

[1] 参见姚新中主编：《中国哲学创新研究》（第一卷），中国人民大学出版社，2019年，第二章何谓"中国哲学"的相关讨论。

[2] 有关中西比较哲学研究较为系统的历史，可参看许苏民：《中西哲学比较研究史》，南京大学出版社，2014年。

批判现代科学技术对于人生的伤害，试图以人的感性、情感来代替哲学的理性与科技的理性的。[1]因此，如果比较完整而全面地考察西方哲学史，我们就会发现，哲学大家庭里有诸多成员，而哲学本身的面貌是多元而复杂的，并非一种刻板、生硬、冷峻的理性面孔。理性无疑是哲学的主要面向，但哲学也包含着情感与诗性的内容。诗化哲学与哲学的诗化，不仅是可欲与可能的，而且它本身就是丰富复杂的哲学史的重要组成部分。

更进一步说，哲学不只是所谓哲学家的专利品，一些诗人也可以通过诗的形式表达哲学思想而成为"哲学诗人"。按照维基百科的说法："哲学诗人是指运用诗歌的手法、风格或形式来探索哲学领域的共同主题的作家或学者。他们的作品经常涉及生命的意义、存在的本质（本体论）、知识和认识论（认识论）、美的原则（美学）、事物的首要原则（形而上学）或上帝的存在等有关的问题。有些人在诗歌中会进行广泛的哲学探究，涉及不同的哲学主题，而有些人则会集中在哲学诗歌的一个分支中。例如，但丁在一般意义上被一些人认为既是一个哲学诗人，也是一位进行形而上学探索的诗人。"在我看来，这些哲学诗人所创作的哲学诗，显然是诗化哲学。在现当代中国哲学界，萧萐父先生就是较早关注诗化哲学，并从诗化哲学的角度考察中国哲学特质，在学术与理论的创作中践行"诗化哲

---

[1] 参见刘小枫：《诗化哲学》，华东师范大学出版社，2011年。

学"的少数哲学史家与诗人哲学家之一。*

一、"诗化哲学"与中国哲学的特质

哲学是一个大家庭，包括各种分支学科，如科学哲学、语言哲学、历史哲学、宗教哲学等，而"诗化哲学"就是哲学大家庭中的成员之一。但是，作为哲学大家庭中诸成员之一的"诗化哲学"，其概念的构成本身似乎就包含着某种悖论的内容，即将以诗为代表的一切艺术性的形象思维与概念化的抽象思维结合在一起，构成了一种既哲学又非哲学的哲学形态。

如众所知，"哲学"这门学问体系或曰知识体系是从欧洲传入中国的，而且一开始是以理性思考的特征进入中国思想界的，因此，在汉语学术界，哲学与诗一开始就是分离的。然而，全面考察中西哲学发展实际历史进程就会发现，哲学从一开始就不排斥"诗化"的形象思维，从一个侧面讲，哲学可以通过诗化的方式展示自己的理性思考特征。在古希腊的史诗与悲剧之中，哲学就是通过诗的形式表达出来的。现代西方哲学史上，典型的人物尼采，其著名的《查拉图斯特拉如是说》一书，就是采用诗的形式来表达他的哲学思想的。而从另一个侧面讲，诗人的作品中也包含着大量的哲学思考，如屈原的《天

---

* 　方东美先生是较早关注中国哲学诗性特质的现代新儒家重要人物之一。参见许苏民：《中西哲学比较研究史》，2014年，第1119—1127页。本文是为萧先生《萧氏文心》《火凤凰吟》所作之序中许下诺言之初步践履。

问》、歌德的《浮士德》、艾略特的《荒原》等，都可以看作是诗歌当中包含深刻而丰富的哲学思想的典范之作。因此，在哲学的大家庭里，实际上是长期存在着"诗化哲学"的。

在当代中国哲学界，较早系统地研究了德国"诗化哲学"问题的学者，当属刘小枫。他在早年攻读硕士研究生学位时，就已开始研究以德国浪漫派思想为主体的"诗化哲学"问题，后成书并修订扩充的《诗化哲学》一书，以粗线条的方式勾勒了德国浪漫派的诗化哲学思想发展脉络，在少数地方也提及了中国传统的"诗化哲学"的片段内容。纵观现当代中国哲学的发展历史，萧萐父先生是较早关注并实践诗化哲学的少数哲学家之一。*

1948年，萧先生发表了《原美》一文。该文扬推古今中西，特别是西方近现代以来的各种美学思想，以感性与理性的高度整合为理想目标，扬弃中西思想传统中静态的和谐观，追求一种具有现代性的动态的和谐，进而实现创造与创化的人生目标。该文虽然写于萧先生的青年时代，但大体上奠定了萧先生"诗化哲学"的理论结构，即他后来总结的"双L情结"——第一个L是指逻辑（Logic），第二个L是指抒情（Lyric），泛指艺术，追求理与情的高度统一。理与情的高度统一的"诗化哲学"是萧先生对于哲学的理论追求，也是他的人生实践。这种理论追

---

*　现代新儒家方东美，思想家、诗人苏渊雷，均是中国现代哲学史上关注诗化哲学并实践诗化哲学的少数哲学家或哲人之一。张世英先生晚年也特别关注哲学的诗性特质。其对语言的诗性与诗性的语言的研究与阐发，可以看作是对"诗化哲学"进行深入阐述的内容之一。

求，在1995年给方任安《诗评中国哲学家》一书作序的时候，更进一步地作了系统、深入的阐发，并将其看作中华哲人与诗人共同塑造出的一种优秀的精神传统。他说：

> 在情与理的冲突中求和谐，在形象思维与逻辑思维的互斥中求互补，在诗与哲学的差异中求统一，乃是中华哲人与诗人们共同缔造的优秀传统。他们在这一心灵创造活动中实现着美和真的合一，使中国哲学走一条独特的追求最高价值理想的形而上学的道路，既避免把哲学最后引向宗教迷狂，又超越了使哲学最后仅局限于科学实证，而是把哲学所追求的终极目标归结为一种诗化的人生境界，即审美与契真合而为一的境界。中国哲学的致思取向，从总体上乃是诗化的哲学。[1]

在上述的序文中，萧先生对于中国哲学的特质问题至少提出了以下三个层面的问题。其一，中国哲学是两种性质东西的高度结合，如情与理、形象思维与逻辑思维、诗与哲学的高度结合。其二是这种多层次、多侧面的结合形成了中国哲学特色，即求美与求真的结合。其优势是避免了哲学最后走向宗教迷狂，也超越了狭隘的科学实证。其三是形成了中国哲学的整体特征，即"诗化的哲学"。

---

[1] 萧萐父：《吹沙二集》，第512页。

二、中国"诗化哲学"的三种形态及相关补充性的思考

　　萧先生不仅揭示了中国哲学的"诗化"特征，还初步勾勒了中国"诗化哲学"的三条主要路径（或曰表现形式），其一是哲学著作中就包含了诗的内容，有些哲学作者本身就是用诗的韵语和文学的形象创作而成的，像《周易》《尚书》《逸周书》等古典哲学、史学著作中保存的不少富有哲理的古歌谣，《老子》一书是"全可韵读的哲学诗篇"，《庄子》《列子》等道家诸子，"多用诗的文辞或充满诗意的卮言、寓言等来展示他们的智慧"。另外，孔子的"逝者如斯，不舍昼夜"的感叹，孟子的"观水有术，必观其澜"，"铿然舍瑟春风里，点也虽狂得我情"等，荀子的《成相》《赋》篇等，[1]都是哲学作品有诗，或直接就是诗的形式，或借助诗歌艺术形象的手段，要而言之，是哲学与诗高度结合的典范。

　　其二，诗歌作品中包含有大量哲学思想，如《诗经》中的颂诗与大雅部分的诗作，"国风"中的少量作品。屈原的《天问》、贾谊的《鹏鸟赋》，其他诗人，"陶、谢、嵇、阮，各有名篇，李、杜、王、孟，纷呈异彩，直到晦翁的'源头活水'，阳明'海涛天风'，梨洲的'此意无穷，海怒鹏骞'，船山的

---

[1]　萧萐父：《吹沙二集》，第512—513页。

'光芒烛天，芳菲匝地'……春兰秋菊，威蕤不绝，神思慧命，绵延至今"[1]。

其三，除了这两种形式的诗化哲学形态，另外还有哲理诗，像程伊川用"数点梅花天地心"来绎解他所悟得的《周易》复卦的义理。[2] 还有诗化的哲学评论，往往"以简御繁，由一显多，为历代圣哲的灵魂'画像'，寥寥数语，往往传神"[3]。陶渊明的《咏贫士》《读史述九章》等作品，论述荣启期、原宪等高士和伯夷、叔齐、箕子、七十二弟子、屈原、贾谊、韩非、鲁二儒等哲人。还有正史中《史赞》，虽然类多浅近，但也有少数涉及思想家画赞的，如朱熹的《六先生画赞》，分别赞述了濂溪（周敦颐）、明道（程灏）、伊川（程颐）、康节（邵雍）、横渠（张载）、涑水（司马光）六位哲学家。后来类似的哲人画像赞作品还有，如清代的思想家焦循所作的人物画像赞等。今苏渊雷先生的《风流人物无双谱》，一共选了36位人物，半属哲学家，半属文学家。安徽枞阳县人氏方任安先生所著的《诗评中国著名哲学家》一书，可以说是最为系统的诗评类哲学史著作。

实际上，除上述萧先生勾勒出的三类诗化哲学家和诗化哲学作品，像司马迁的《史记》则又另当别论。依鲁迅先生的观点，《史记》为"史家之绝唱，无韵之《离骚》"。这部著作从

---

[1] 萧萐父：《吹沙二集》，第513页。
[2] 萧萐父：《吹沙二集》，第513页。
[3] 萧萐父：《吹沙二集》，第513—514页。

图书分类的角度看首先当然是历史作品，但该书"发于情，肆于心而为文"[1]，富有诗人的激情在其中，同时也饱含着深厚的历史哲学思想——"究天人之际，通古今之变，成一家之言"，因而当然是一部有着深刻哲学思想而同时又具有诗人激情与特殊历史情感的史学著作。因此，诗化哲学，就其作品的形式而言，还有像《史记》这样的史学作品，至于像钟嵘的《诗品》、刘勰的《文心雕龙》、司空图的《二十四诗品》等，亦当是诗化哲学类的文艺美学作品。鲁迅先生的《野草集》本身，亦可以视之为诗化哲学的代表作品。因此，对于"诗化哲学"的理解与解读，我们可以不必将"诗"狭隘化，即将诗仅仅理解为诗歌作品，而应当理解为一种将具有普遍的哲学问题以浸透着个人独特情感的文学化的方式表达出来的一切文学、哲学、历史的作品，这些作品均可以视之为"诗化哲学"类的作品。刘小枫早年提及的"本体论的诗""诗化的思"，大体可以揭示"诗化哲学"的主要特点。

三、萧萐父对"诗化哲学"的自觉追求与实践

简洁地讲，萧先生本人对诗化哲学的追求主要表现在三个

---

[1] 鲁迅：《汉文学史纲要》,《鲁迅全集》（第九卷），人民文学出版社，2005年，第435页。

方面，一是通过诗歌创作的形式表达对哲学的思考。像"世纪桥头之思"[1]，唤取莱翁共圆中西文化交流的梦想等诗作，均是以情化理、以理入诗。

二是在一些哲学史的作品中，尝试融入诗歌艺术的画魂手段与艺术追求，给哲学史中的人物灌注生气，让人看到其完整的人格形象与精神风貌。这主要体现在《王夫之评传》一书的序言与选出的和船山精神相契合的诗作之中。

三是通过对历史上富有人格魅力的哲学家的礼赞，以及他本人在社会生活、教育生涯中所持守的仁智兼修的人格形象。在当代的中国哲学界，萧先生的人格风范得到同行中的长辈、同辈以及学生辈的共认。这一人格形象本身就是一首无字的长篇叙事抒情诗，其中有着一般学者不具有的波澜与曲折。

（一）诗作中的哲理追求

明末清初的哲学家方以智，不仅能诗、知诗，在评诗方面亦有独到的见解。但他谈到以诗来表达哲理时，却表现出十分谨慎的态度。在《通雅》中，方以智这样说道："诗未尝不可以析理，析理之诗，非诗之胜地也。"[2]萧先生通过诗的形式来表达哲学思考，可见是选择了一件十分困难的事情。然以"慧境

---

[1] 《访德杂诗之二》："唤起莱翁共商酌，东西慧梦几时圆？"（萧萐父：《吹沙二集》，第749页。）
[2] 《方以智全书》（第四册），黄山书社，2019年，第72页。

托诗心",[1]是萧先生一生哲学的一种追求,体现了他本人以诗化的方式从事哲学思考的特点。慧境,主要是哲学的慧解,诗心主要是对自然、社会、历史等个人化的高尚、纯粹而美好的情感与领悟。"慧境"让"诗心"具有深刻的精神内涵,不再停留于个人的得失、荣辱与悲欢;"诗心"让"慧境"充满着具体而丰富的人文、历史的质感与当下的亲在特质。通过初步的研究,我将从以下五组充满哲理的诗歌意象之词汇来揭示萧先生一些诗作中的哲学思考。

其一,心火。在《吹沙集》的后记中,萧先生特别提到"心火",他曾经问学于汤用彤、贺麟、冯友兰、张岱年、任继愈诸先生,又从李达、杜国庠、侯外庐、吕振羽诸前辈的立身风范中得窥矩矱,他也希望后学能够从他的《吹沙集》中感受到这种"心火之传"。[2]这种"心火之传",既依托文字,又超出文字。

其二,道真。在纪念李达的诗中,萧公说道:"百年龙种经忧患,四卷犀芒烛道真。"[3]"道真"之真,超越了一般认识论意义的主观认知与客观事物的高度符合的认识论真理,是一种系统的正确理论,揭示了某种深刻而复杂的社会现象与人生道理。

其三,天心、童心、兰心、慧心、心史等。戊午、辛酉杂

---

[1] 萧萐父:《吹沙集》,第608页。
[2] 萧萐父:《吹沙集》,第626页。
[3] 萧萐父:《吹沙集》,第624页。

诗之一有"复见天心蕴雪梅"，之二有"飘坠尘霾未化泥，童心诗骨两嶔嵜"句，之四有"童心诗梦桂桥边，说剑谈玄总惘然"[1]的悲情。"童心"是萧先生诗中经常出现的词汇与意象。在《临江仙·和韵答锦全、罗炽》的词中有"童心犹未眠，蝶梦醒应难"之句。[2]1980年冬，九校合编《中国哲学史》书稿初成，作诗一首，并征和诗。其诗云："九畹兰心凝史慧，五湖鸥梦入诗篇。"[3]在1981年步陈荣捷教授之韵所写的三首诗中，有"一瓣心香拜顾、王"之句，表明自己努力在精神实质上向明清启蒙学者学习。该组诗之三云："自古慧心无国界，奘师千卷证菩提。"[4]在编写两卷本《中国哲学史》的过程中，定稿完成后，送别李锦全、（黄）兴华的诗云："自有诗情通宦窕，岂因华盖失从容。六编心史鲛人泪，一卷行吟郢客风。"[5]1982年到南京评孙叔平先生的两卷本《中国哲学史》时，有诗赠孙先生，其中有两句道："两卷呕心史，深情向未来。"[6]寅年夏（1986年）送别柴文华诸人毕业论文的诗中，对诸人论文所表现出的"双向神思，万殊史慧"，给予了高度肯定。在送别李大华等人毕业的诗中，萧先生说道："史路坎坷怜卞玉，心期曼

---

[1] 萧萐父：《吹沙集》，第602页。
[2] 萧萐父：《吹沙集》，第611页。
[3] 萧萐父：《吹沙集》，第608页。
[4] 萧萐父：《吹沙集》，第610页。
[5] 萧萐父：《吹沙集》，第611页。
[6] 萧萐父：《吹沙集》，第613页。

宧觅玄珠。"[1]（"心史""史慧"是其诗作中经常出现的两个概念，比较突出地体现了其历史哲学的精神气质，即契真融美的特色。即是萧先生自己总结的两句诗："史慧欲承章氏学，诗魂欲扫瑅人愁。"[2]）

其四，心书、国魂。纪念熊十力百年诞辰诗赞："一卷心书昭学脉，千秋慧业蜕师门。深明体用标新义，笃衍乾坤续国魂。"[3]而且将熊氏的"白首丹心无限意"与当时改革开放神州鼎革的时代精神结合起来。

萧先生非常重视"国魂""民族魂"的重铸问题。在《人文易与民族魂》一文中，将"凝结在易学传统中的人文意识和价值理想"，看作"易学和易学史研究的主干和灵魂"。[4]

其五，风骨。对傅山的风骨予以高度的赞扬："云陶洞口怀风骨，羞对箜篌唱路难。"[5]对傅山自由奔放、多面的学术思想，萧先生也予以高度肯定："龌龊奴儒须扫荡，汪洋学海任通

---

[1]　萧萐父：《吹沙集》，第623页。
[2]　萧萐父：《吹沙二集》，第756页。
[3]　萧萐父：《吹沙集》，第616页。
[4]　萧萐父：《吹沙二集》，第71页。
[5]　萧萐父：《吹沙集》，第614页。又，在《吹沙三集·湖海微吟》中收录的《读史纪怀二律》的两诗中，萧先生通过对历史上具有风骨的贤者，如卞和、司马迁、苌弘等人的歌颂，表达了诗人自己面对历史的巨大误会而表现出的对于真理坚信的风骨与人格。仅录其一："缧绁难移孺子心，无私无畏自坚贞。情痴宁效荆山哭，道直甘闻独沥行。蚕室谤书留信史，丹炉烈火炼金睛。雪郎少作西风颂，垂老狂吟泪欲倾。"[萧萐父：《吹沙三集》，巴蜀书社，2007年，第513页。（本书所引内容均来源于2007年巴蜀书社出版的《吹沙三集》，后文不再重复标注，只注明页码。）]

观。"[1]晚年，萧先生本人也提倡："漫汗通观儒释道，从容涵化印中西。"

上述五组带有浓厚哲理意味的诗歌词汇及其所表达的意象，非常典型地展示了诗化哲学的自身形态。"心火"不是经验中的火，但具有经验中的火所具有的蔓延、照亮与影响力等作用。它主要是指一种能动的精神与精神的能动性，但又借助庄子卮言的方式，使得火的形象进入抽象的哲学领域，让人们直观地理解到精神的影响力，仿佛看到了火光一样的明亮与热度，与纯粹的思辨理性对于人的影响极不相同。其他四组诗性的词汇所具有的感性化的意味，大体上同于"心火"一词。当然，萧先生众多诗作中还有很多具有哲理意味的词汇，如心炬、心史、心书、鸥梦、玄珠等，将哲学智慧形象化，使之获得生动的感性内容。

（二）哲学史著作中的诗性特质

在与许苏民合著的《王夫之评传》一书的弁言中，萧先生直接表达了对"评传"一类著作的理想性要求，他认为，对于王夫之这样"具有巨大历史感和崇高人格美的大思想家的传记"，"不仅要据实以存真，更要体物以传神"。[2]

而所谓的"传神"，即要走近传记人物的心灵，体察入微，

---

[1] 萧蓬父：《吹沙集》，第614页。
[2] 《王夫之评传·弁言》，南京大学出版社，2002年，第1页。

与之含情相对，寂感互通，从而自有传神的手笔，为传主的灵魂画像。为了让这本"评传"达到"传神"的效果，他特意在弁言之后附上十首诗作，使这本评传在"据实存真"与"体物传神"之间达到一种高度的融合。在弁言中，萧先生回顾了自己认识船山、研究船山，最终达到与船山神交的精神契合历程：自1962年以后，萧先生与两湖船山学的研究者一道，多次访问衡阳曲兰乡船山的故居、墓庐、祠堂与船山学社等，间或在湘西草堂阁楼上默坐移时，也曾经步漉溪，登石船山，游方广寺，参观岳麓书院、二贤祠、回雁峰及潇湘八景等，也曾偶有所感，行吟得句，或零星题壁，急就成章。"这些杂感诗，毕竟是触感成咏；而感之者，船山魂也。"[1] 如果不是对哲学的诗性有执着追求的人，是不会将觅魂、传神作为自己著作的目标的。因此，萧先生的"诗化哲学"理念，也典型地体现在哲学史著作的书写之中。

实际上，即使在主编《中国哲学史》（两卷本）的过程中，萧先生也是充满着诗情的，他反复将自己与好友李锦全先生共同主持的《中国哲学史》的写作工作，看作"心史"，要体现"慧心""史慧"，而不只是一般性的思想、观念的客观发展史的"存真"。正因为有如此高迈的诗化哲学的追求，这两本《中国哲学史》（第一版）虽然带有特定历史阶段的思想痕迹，但其中所展示出的哲人"史慧"，典型思想材料的选取、分析

---

[1]《王夫之评传·弁言》，第3页。

与评价，对带有异端思想色彩思想家的礼赞等，都具有鲜明的"别识心裁"（章学诚语）。编书组的同仁之间诗词唱和，恰恰将哲学史的理性思考与诗人哲学家的巨大历史情感高度结合起来了，兹录一首诗以显示当时萧先生的诗心与慧境两相扶持的状态：

> 相携海上听潮音，耻学成连独鼓琴。
>
> 千顷鸥波增慧解，百年龙种结童心。
>
> 圆圈逻辑宁难产，批判锋芒可断金。
>
> 同缫新丝结蛛网，荀卿蚕赋费沉吟。
>
> （《一九八〇年国庆，编书组欢聚广西北海市，即席吟》）[1]

这首诗反用俞伯牙向成连学琴的典故，将中国哲学史的编写工作看作合奏的乐队而不是俞伯牙的独自演奏，将大海波涛比拟为中国哲学智慧的波涛，要求编写者不受条条框框的束缚，要用自己的童心去理解中国哲学的智慧。全书的理论依据是经过列宁消化之后的哲学史发展的螺旋前进的思想，简称为哲学史的"圆圈逻辑"。而"难产"一词借用侯外庐先生研究明清早期启蒙思想的结论，认为中国近代化运动虽然萌芽于明清之际，但后面并没有得到充分的发展，使得中国社会在

---

[1]　萧萐父：《吹沙集》，第606页。

近代落后于西方，陷入被动挨打的境地。后来萧先生自己将此段"以清代明"的历史称之为"历史洄流"。宁难产，即是岂难产。所谓岂难产，即是说，依据列宁的哲学史发展的逻辑圆圈理论，对于中国哲学史自身的逻辑进程应当有一个恰当的分析、批判，必将会得出合理的理解。故曰"宁难产"。但这一过程需要耐心，并且需要深入中国哲学史的内部，正如春蚕吐丝需要长时间的酝酿，蜘蛛结网需要细密的劳动，众多学者辛勤的思想活动，就像荀子《蚕赋》中的春蚕吐丝一样，是一种无私的奉献。

上述散文化的解读当然破坏了全诗的情理交融的境界，但透过散文化的解读，我们大体上可以体会到萧先生在主持《中国哲学史》（两卷本）编写工作时，实际上不是简单地当作一种任务，而是像带领一支乐队在演奏中国思想史的乐章，要求每位编写者拿出自己的真切人生体认来面对丰富而复杂的中国哲学史的思想材料，以童心增进慧解，用慧解提纯童心，进而对于中国哲学发展的历史逻辑给出合理的解读。

（三）人格风范与诗性的人生

中国传统哲学十分强调"性与天道"的贯通，强调凝道而成德的人格养成。萧先生的"诗化哲学"在"融真契美"的过程中，将道德哲学之善不是化作一套理论的法则，而是转化成一种"充实而又光辉"的人格形象之美。因此，"融真契美"的诗化哲学原则，就不只是借助艺术的形象手法来表达哲学思想，也不只是在诗歌、文学性的散文中表达哲学性思考，更不是诗性的哲学家评论，而是通过对古代哲学家人格形象、灵魂的把握，来显示中国哲学对圣贤境界的追求。

萧先生的人格风范可以从有字之文与无字之行来体现。有字之文，主要是通过他对某一类人格形象的礼赞，间接地看出他本人的精神祈向。《吹沙集·火凤凰吟》部分收录的少量纪念师辈、歌咏前贤，与同辈唱和的诗作，均可体认出他本人的人格追求。仅以他《奠鹤鸣师》组诗为例。[1]组诗之一高度肯定了李达先生"精研正论雄狮吼，敢斥歪风赤子心"的人格风范，组诗之二高度肯定了李达无限忠诚于党的理论建设工作，直到晚年仍然笔耕不辍的奉献精神："耿耿丹心凝古道，孜孜彤管著新编。《大纲》一卷荀卿赋，蚕颂依稀拟暮年。"组诗之三同情李达在"文革"期间遭受冲击的艰难处境，歌颂李达在艰难的环境中保持着坚定的革命理想以及坚持马克思主义真理的忠贞人格，将李达先生比拟为古代的忠臣苌弘与屈原："珞珈愤贮苌弘血，湘水悲吟橘颂篇。"自责并谦逊地吟唱道："难续史观惭后死，抚摩遗札泪如泉。"在敬赠同道孙叔平先生《中国哲学史稿》（两卷本）的诗作中，高度肯定了孙先生的人格之美："疾风知劲草，雪后红梅开。固有坚贞操，方能灿烂开。"[2]在1983年访问山西傅山的云陶洞时，作诗歌颂傅山的人格：

---

[1] 萧萐父：《吹沙集》，第603—604页。
[2] 萧萐父：《吹沙集》，第612页。

"龊龊奴儒须扫荡，汪洋学海任通观。云陶洞口怀风骨，羞对
箜篌唱路难。"[1]这些歌颂、肯定师辈、同道、前贤理想人格的
诗作，实际上也是作者本人的理想人格在这些历史人物身上的
投射。

在七十岁、八十岁的生日前后，萧先生以诗的形式总结、
反省了自己的人生，这些诗作非常典型地体现了他的人格形
象。七十自省之一云："暂纪征程七癸周，童心独慕草玄楼。寥
天鹤唳情宜远，空谷跫音意转幽。史慧欲承章氏学，诗魂难扫
瑶人愁。迅翁牛喻平生志，喘月冲泥未肯休。"[2]此诗中对杨雄、
刘禹锡、章学诚、龚自珍、鲁迅等诗化哲人的歌颂与肯定，实
际上表达的就是自己的人格形象。而八十初度诗，则集中表达
了对"童心"的依恋："乾坤父母予兹貌，逝者如斯不可追。湖
海微吟诗未老，童心依旧亦芳菲。"[3]我们知道，明末思想家李
贽专门作有《童心说》一文，后来诗人龚自珍的诗作中也反复
使用"童心"一词，[4]来表达自己的纯真理想。萧先生对于"童
心"的特别关注，正是他对自己人生最初的纯真理想的坚持，
体现了诗人哲学家对心中理想坚贞不二的情怀。

有字之文易说，无字之行难言，只能通过他的一些具体言

[1] 萧萐父:《吹沙集》，第614页。
[2] 萧萐父:《吹沙二集》，第756页。
[3] 萧萐父:《吹沙三集》，第526页。
[4] 龚自珍诗云:"觅我童心廿六年"，"六九童心尚未消"、"童心来复梦中
 身"。参见陈铭:《龚自珍评传》，南京大学出版社，1998年，第209—
 210页。

传身教、德行来体现。这就需要通过他身边的学生、同事、家人，还有学界同行的点滴感受来把握。这里涉及中国传统今文经学提到的"所见世""所闻世""所传闻世"的几种经验来把握了。因此，这一方面，对于萧先生的"诗化哲学"的理解就进入了更为复杂、多面的维度。文学诠释史上有"一千个读者有一千个哈姆雷特"的诠释原则，在此处似可适用于我们对于萧先生人格风范的理解与诠释，那就是说，我们不同的学人对于萧先生"诗化哲学"的一些个性化侧面的描绘，将会出现多元的而可能是相互补充的，但不一定是相互矛盾的理解与解读。在《吹沙集》《吹沙二集》中，收录了萧先生为毕业生写的几首诗作，可以看作是萧先生"诗化哲学"在"行"方面的体现。《吹沙集》有赠毕业生柴文华等人诗作："斐然狂简自知裁，秋菊春兰次第开。双向神思腾异彩，万殊史慧陷春雷。沉潜纬数探玄赜，剖判中庸说未来。唤起梦溪共筹画，神州旭日扫黔霾。"[1]1989年夏，李炼、李大华等人毕业，萧先生亦有赠诗："风雨声声伴读书，吹沙掘井意何如？三年灵艾绒难捣，一瓣痴葵蕊不枯。史路坎坷怜卞玉，心期曼育觅玄珠。愿君深体愚公意，笠锄明朝绘远图。"[2]这些诗作，实际上既体现了先生对学生的关怀之情，同时也表达了对学生未来人生的期望，寄托着一种深远的人生理想。

---

[1] 萧萐父：《吹沙集》，第618页。

[2] 萧萐父：《吹沙集》，第623页。

　　据郭齐勇教授回忆，萧先生讲课时很有激情，但往往讲着讲着就偏题了，可是学生收获反而更多，也很喜欢听。这大约是诗性思维的联想性、发散性特征在哲学教育过程中的体现，使得他讲课时旁征博引，来证明或说明一个问题，其结果可能是博引的材料太多，课堂时间有限，要讲的主题反而淡化了。根据我个人陪同萧先生参加学术会议的有限几次经历，大凡萧先生做大会发言时，会场下面都是静悄悄地听他讲话。1991夏天在庐山举行的全国《周易》学术研讨会，会议的开幕式上先有各位领导致辞，如实地说会场不是很安静。但轮到萧先生讲话，会场立刻安静了下来。发言的时间大约十分钟，但大家都在专心听他说话。那会场的安静，仿佛掉一根针在地上也能听得到。2007年国际中国哲学大会在武汉大学召开，此时萧先生身体已经很衰弱了，嗓子已经沙哑，不能做大会发言了，但他还是出席了大会的开幕式，写了一副对联："积杂成纯，漫汗通观儒释道；多元互动，从容涵化印中西。"还是采用了诗的语言形式，在大会上表达了他对中国哲学未来的希望。在武汉大学前校长刘经南院士的支持下，2007年武汉大学出版社出版了《萧氏文心》一函四卷，其中《苔枝缀玉》卷收录了萧先生与夫人卢文筠教授合作的诗画选集，"萧诗卢画"的诗意人生可以从《苔枝缀玉》中略窥一斑。这亦可以看作是萧先生"诗化哲学"之"思"见之于"行"的具体表现之一。

　　以上诸行，大体上均以不同的形态体现了萧先生"诗化哲学"在实践层面的面向，表明"诗化哲学"有时是慧在言外，而藏于行中。孟子所说的"充实而光"的大人理想，不仅盖于四肢，而且具有"大而化之"、不拘于形的神妙状态。因此，"诗化哲学"更能体现中国哲学即功夫即本体、即功夫即境界的特色。

四、关于当代中国哲学形态的一点思考

荣休以后的萧先生，有较多的时间接待学生了。记得有一天下午去看望先生，闲谈中触及对真、善、美三者关系的理解，先生问我的最终意见，我说自己比较倾向于以美来统摄真善，先生说他也是如此。后来我们都一致认定庄子《天下》篇"天地有大美而不言"一句最能传中国哲学之神。这种闲谈的内容当然不能说明什么，但可以看出，作为一代哲人的萧萐父先生，其所理解的哲学不是冰冷的理性，更不是宗教的迷狂，而是一种诗性的、审美的人生境界。"诗化哲学"的观念对于他而言，并不只是一种学术与理论上的概念规定，而且还是一种人生的理想在哲学方面的体现。先生有诗云："书生自有逍遥处，苦乐忧愁尽化诗。"[1] 我想，这两句诗大约可以反映出萧先生诗化哲学的灵魂。人生的苦乐忧愁都融化于自己的诗歌之中，诗性的思考代替了宗教的慰藉。他在繁忙、严肃的哲学教育、哲学创作、哲学史写作过程之中所经历的一切，还有他人

---

[1] 萧萐父：《吹沙三集》，第523页。

生所遭遇的多次波折，不可能都表现在他的学术论文中，而是可能会化作一种人生的情感，以诗的形式表现出来。"孤山诗梦梅魂洁，四海交游处士多"[1]两句诗句，比较能够体现萧先生风骨嶙峋、被褐怀玉、光风霁月的诗人哲学家形象。

中国古代的大哲学家当中，多数人都有非常丰富的诗歌作品。这些诗歌作品的艺术成就有高有低，但其中的"诗情"均可以作为他们哲学思想的一个有机组成部分。换句话说，中国古代哲学家的哲学思想构成中，多数人都有诗化哲学的内容。[2]

近五十余年来，中国考古学成就斐然，出土了一批新的哲学史、思想史文献，当代中国学术界持续有重写，或部分重写、改写中国哲学史的呼声。这一呼声有相当大的历史合理性。但是，如果我们接受并认真对待中国哲学的"诗性特质"这一重大而又真实的学术史问题，认真清理中国诗化哲学史的史料，这对于重写、改写中国哲学史必将起到重要的补充作用，而且也将以学术史的方式，郑重地回应中国哲学的民族特性问题。[3]实际上，在现代中国思想史、学术史上，重视诗

---

[1] 见《萧氏文心·苕枝缀玉》"蕙诗筠画"题款诗，武汉大学出版社，2007年，第14页。

[2] 张昭炜的《中国儒学的缄默维度》（中国社会科学出版社，2020年版）中，有关章节内容讨论了传统中国哲人以诗的形式表达哲学思想的特色，这与我讨论"诗化哲学"的问题有相互发明之意。

[3] 此问题曾经以"中国哲学的合法性"问题被提出来。"合法性"的提法不准确，但在不准确的名词下所彰显的问题是有价值、有意义的，即何谓中国哲学？中国哲学的独特性何在？

歌作品的哲学思想的学者，并不只有萧先生一人，例如侯外庐先生，就是在其《中国思想通史》（第四卷下册）第二十六章第二节中，以方以智的诗赋作品为思想史的材料来分析他的社会思想及其思想中的人民性，从而让思想史变得有血有肉、情理交融的。而著名国学大师苏渊雷先生，其本人就是一个诗化思想家与学者。借用"德不孤，必有邻"的说法，我们也可以说，萧先生的"诗化哲学"追求，也有自己的时代同调或同路人。希望有一些青年才俊加入这个目前还比较冷清的学术领域，深入发掘中国的诗化哲学传统。

第二章　"中国早期启蒙"思想与中国式的现代化之路

第一节
明清早期启蒙思想与
中国现代性思想之萌芽

　　20世纪明清学术、思想研究是中国现代学术研究的一大热点，而有关明清之际"早期启蒙说"则是热中之热，其影响已经遍及国际汉学界。[1]在继承了梁启超、侯外庐等人的明清学术、思想研究成果，扬弃钱穆、蒋维乔等非马克思主义学者有关明清学术与思想研究成果的基础上，业师萧萐父先生坚持并深化了侯外庐先生的明清"早期启蒙说"[2]。在有关"启蒙哲学"的概念界定、阶段划分，中国早期"启蒙哲学"所要批判

---

[1]　在日本学界有岛田虔次、沟口雄三等代表人物，对于中国明清之际出现的现代性因素进行了论述，在美国有狄百瑞、艾尔曼等学者对此问题有论述，在法国有谢和耐先生对此问题有论述。当然，他们的具体观点并不相同，而且也有非常强烈的反对声音，特别是中国港台新儒家以及部分当代新儒家。中国大陆学界也一直有相反的观点，最为激烈者如包遵信等人。

[2]　在《明清启蒙学术流变》一书的"跋语"里，萧先生比较详细地介绍了自己如何契入明清学术、思想研究的心灵历程，既有自己童年时的心灵情结，又有20世纪前40年中国学术界有关此阶段学术研究的种种成果的启发，更有20世纪五六十年代的自我探索过程。

的对象及其历史进程的曲折性等多方面，都作出了度越前人的新论述，从而对明清之际"早期启蒙说"作出了中国化的马克思主义哲学的规定，与近、现代西方资产阶级学者对"启蒙哲学"作出的抽象普遍的论述有明显的不同，与侯外庐先生依据列宁关于"启蒙哲学"的定义来规定中国"早期启蒙说"的做法也不一样，更为灵活地运用了马克思主义的基本精神，对中国社会内部发生的"哲学启蒙"作出了更为明确的中国化的马克思主义的哲学规定。其学术意义在于：一方面，更加明确、系统而又有说服力地证明，中国有自己的"哲学启蒙"运动，从而将明清学术、思想纳入了"世界历史"（马克思语）的思想、文化进程；另一方面又揭示了古老的中国在走向现代化的过程中所具有的中国独特性与复杂性，从而丰富并深化了世界范围内的具有近代意义的"启蒙哲学"的内涵，在当今世界哲学的视野里把作为具有"世界历史"意义的"启蒙哲学"的论述推向了新境界。本节主要从三个方面简述萧萐父明清之际"早期启蒙学说"，一是"启蒙"一词的马克思主义哲学的规定，二是中国早期启蒙思想的三个阶段划分，三是中国早期启蒙哲学的"难产"特征及其反对"伦理异化"的民族特性，以及由此引发出的关于中国传统文化与现代西方优秀文化相结合的历史"接合点"问题的思考。最后，对萧萐父先生明清之际"早期启蒙学说"在当代中国学术史上的意义作一简单的申述。

一、明清之际"早期启蒙学说"中"启蒙"一词的哲学规定

"启蒙"与"哲学启蒙"的概念，在语言学与近、现代中西哲学与思想史中，不同的学者与思想家有不同的表述。对于此一颇为纷争的哲学概念，萧先生首先对"启蒙"一词的哲学性质从马克思主义哲学的立场、方法角度给予了明确的规定，从而与一般泛泛意义上的"启蒙"语词有了本质的区别。他说："思想启蒙、文艺复兴之类的词，可以泛用；但纳入马克思主义的历史科学，应有其特定的涵义。狭义地说，14世纪以来地中海沿岸某些城市最早滋生的资本主义萌芽的顺利发展，以及由于十字军东征，关于古希腊罗马文献手稿和艺术珍品的大批发现，促成了意大利等地出现空前的文艺繁荣。好像是古代的复活，实际是近代的思想先驱借助于古代亡灵来赞美新的斗争，为冲决神学网罗而掀起人文主义思潮。'在惊讶的西方面前展示了一个新世界'，使得'中世纪的幽灵消逝了'。正是在这个意义上，文艺复兴又被广义地理解为反映资本主义萌芽发展、反对中世纪蒙昧主义的思想启蒙运动。"[1]

此处所说的"广义启蒙思想运动"，即是指"反映资本主义萌芽发展、反对中世纪蒙昧主义的思想启蒙运动"，其范围

---

[1] 萧萐父:《吹沙集》，第10页。

可以说遍及整个欧洲，从意大利到法国、西班牙、荷兰、英国、德国；其历史跨度，可以说，从13、14世纪意大利诗人但丁到16世纪法国、西班牙、荷兰、英国、德国等一大批文化英雄与思想巨匠，如被黑格尔称之为"哲学烈士"的意大利的布鲁诺和梵尼尼，以及16世纪德国的宗教改革及德国的农民战争等一系列反对中世纪神学的思想与社会运动。要而言之，按照恩格斯的说法，"教会的精神独裁被摧毁了……在罗曼语诸民族那里，一种从阿拉伯人那里吸收过来并重新发现的希腊哲学那里得到营养的明快的自由思想，愈来愈根深蒂固，为十八世纪的唯物主义作了准备"。这便是马克思主义哲学视野里的欧洲社会出现的"广义启蒙思想运动"[1]，它显然不同于一般意义上的法国"启蒙运动"和康德对"启蒙"的论述。

而从这一"广义启蒙思想运动"所产生的具有"确定意义的启蒙哲学"，也是有自己特定的思想内容的，那就是它"应当区别于中世纪的异端思想（那可推源于十二、三世纪经院哲学中的唯名论，乃至更早的作为'中世纪革命反对派'的神秘主义异端），也与欧洲以后作为政治革命导言的资产阶级哲学革命的理论发展有所不同，应仅就其与资本主义萌芽发展相适应、作为封建旧制度崩解的预兆和新思想兴起的先驱

---

[1] 恩格斯：《自然辩证法·导言》，人民出版社，1971年，第7页。

这一特定涵义来确定它的使用范围"[1]。这一"确定意义的启蒙哲学"就其实质而言,"可否从马克思的这一提示给予说明:历史'很少而且只有在特定条件下才能进行自我批判',而这种自我批判的历史阶段,'当然不是指作为崩溃时期出现的那样的历史时期'(如果处于那样的历史时期,革命会代替批判,或者说批判已不再是解剖刀而是消灭敌人的武器)。这就是说,一个社会的自我批判总是在自身尚未达到崩溃但矛盾又已充分暴露的条件下进行的。十四至十六世纪西欧的文艺复兴、启蒙运动正是在封建社会远未崩溃的条件下所进行的自我批判"[2]。

很显然,萧先生根据马克思主义哲学精神所给出的"启蒙哲学"概念,既不同于泛泛意义上的思想"启蒙",如中国古代指的儿童早年的教育——破蒙,也不同于18世纪德国著名哲学家康德在《答复这个问题:什么是启蒙运动》(1784)一文中所讲的"启蒙"。当然,也就更不同于卡西尔在《启蒙哲

[1] 萧萐父:《吹沙集》,第12页。[按:萧先生此处所凭借的马克思哲学文献,见于《1857—1858年经济学手稿》。马克思在手稿中这样写道:"所说的历史发展总是建立在这样的基础上的:最后的形式总是把过去的形式看成是向着自己发展的各个阶段,并且因为它很少而且只是在特定条件下才能进行自我批判,——这里当然不是指作为崩溃时期出现的那样的历史时期,——所以总是对去的形式作片面的理解。基督教只有在它的自我批判在一定程度上,可说是在可能范围内准备好时,才有助于对早期神话作客观的理解。同样,资产阶级经济只有在资产阶级社会的自我批判已经开始时,才能理解封建的、古代的和东方的经济。"(《马克思恩格斯全集》第46卷上册,人民出版社,1979年,第43—44页。)]
[2] 萧萐父:《吹沙集》,第12页。

学》中所论述的"启蒙"思想，以及当代西方法兰克福学派霍克海姆、阿多诺，以及后现代哲学家福柯所说的"启蒙"了。在这里，我暂时不对康德以来西方主要思想家对于"启蒙"的哲学论述作一般性的概述，那样会偏离本文的主题，只想就康德有关"启蒙"的观点作一点简单的介绍。

在《答复这个问题：什么是启蒙运动》一文中，康德对"启蒙运动"的哲学性质作出了这样的规定："启蒙运动就是人类脱离自己所加之于自己的不成熟状态。不成熟状态就是不经别人的引导，就对运用自己的理智无能为力。当其原因不在于缺乏理智，而在于不经别人的引导就缺乏勇气与决心加以运用时，那么这种不成熟状态就是自己所加之于自己的了。Sapere aude![1]要有勇气运用你自己的理智！这就是启蒙运动*的口号。"[2]

在康德看来，一方面由于人们的习惯很难从"几乎已经成为自己天性的那种不成熟状态中奋斗出来"，这是"因为人们从来都不允许他去做这种尝试"。"因此就只有很少数的人才能通过自己精神的奋斗而摆脱不成熟的状态，并且从而迈出切

---

[1] 据译者何兆武先生注，这句话的意思为："要敢于认识。"语出罗马诗人贺拉士（Horace，即 Q. Horatius Flaccus）《诗论》，I，2，40；德国启蒙运动的重要组织之一"真理之友社"于1736年采用这句话作为该社的口号。

* 据译者何兆武先生注，启蒙运动（Aufklärung）亦称"启蒙时代"或"理性时代"。这篇为当时的启蒙运动进行辩护的文章，发表在当时德国启蒙运动的主要刊物《柏林月刊》上。

[2] 康德：《历史理性批判文集》，何兆武译，商务印书馆，1990年，第22页。

实的步伐来。"[1]另一方面,"公众要启蒙自己,却是很可能的;只要允许他们自由,这确实几乎是无可避免的。因为哪怕是在为广大人群所设立的保护者们中间,也总会发见一些有独立思想的人;他们自己在抛却了不成熟状态的羁绊之后,就会传播合理地估计自己的价值以及每个人的本分就在于思想其自身的那种精神。"因此,在康德看来,"启蒙运动除了自由而外并不需要任何别的东西,而且还确乎是一切可以称之为自由的东西之中最无害的东西,那就是在一切事情上都有公开运用自己理性的自由"。*[2]而所谓公开运用自己的理性,在康德看来,"则是指任何人作为学者在全部听众面前所能做的那种运用。一个人在其所受任的一定公职岗位或者职务上所能运用的自己的理性,我就称之私下的运用"。[3]

由上所引可知,康德所讲的"启蒙运动",其实是已经成熟的资产阶级要运用自己的批判武器和武器批判,对欧洲的封建社会进行思想革命与制度革命的运动,是在"自由"的口号下要求实现资产阶级发展的一种历史要求。而萧先生所说的"启蒙哲学"仅是指资本主义萌芽阶段的一种历史的自我批判的思想运动。这一"自我批判"的思想运动有不同的历史名称,如"宗教改革""文艺复兴""五百年代"等,但却是"世

---

[1] 康德:《历史理性批判文集》,何兆武译,第23页。
* 译者注:此处"公开运用自己理性的自由"即指言论自由。康德在这个问题上曾经和当时普鲁士官方的检查制度发生冲突。
[2] 康德:《历史理性批判文集》,何兆武译,第24页。
[3] 康德:《历史理性批判文集》,何兆武译,第24—25页。

界各主要民族走出中世纪的历史必由之路"。就中国社会的具体情况而言："中国有自己的文艺复兴或哲学启蒙，就是指中国封建社会在特定条件下展开过这种自我批判；这种自我批判，在十六世纪中叶伴随着资本主义萌芽的生长而出现的哲学新动向（以泰州学派的分化为标志，与当时新的文艺思想、科学思想相呼应）已启其端，到十七世纪在特定条件下掀起强大的反理学思潮这一特殊理论形态，典型地表现出来。至于这一典型形态的哲学启蒙的往后发展，却经历了极为坎坷的道路。"[1]

中国社会的"哲学启蒙"相对于欧洲社会而言，具有一些怎样的特色呢？萧先生通过具体的历史比较得出如下结论：通过与欧洲相比，资本主义萌芽产生以后的中国不同于意大利及法、英等国，而与德国、俄国有不少的历史相似点或者说共同点。具体来说，这些相似点与共同点表现在如下四个方面：

第一，在走向近代的过程中经济发展都缓慢而落后，宗法关系的历史沉淀使封建统治势力既腐朽而又强大，由于封建制母体内资本主义因素发展不足，使近代社会长期处于难产之中。

第二，反封建农民战争都曾大规模兴起，农民成为反封建革命的主力但又无法取得反封建革命的胜利，却直接间接地为启蒙思潮的崛起提供了历史的动力。

---

[1] 《中国哲学启蒙的坎坷道路》，《吹沙集》，第13页。

第三，新兴市民以及资产阶级晚生而又早熟，都由于软弱而各具不同程度的妥协性与两面性，无力完成反封建的历史任务，结果竟然要由无产阶级联合农民来挑起这副担子。

第四，由于近代社会长期处于难产状态，改革运动几起几落，阶级关系和社会矛盾都呈现特别复杂的情况，一方面新的在突破旧的，另一方面死的拖住活的，形成历史运动的多次洄流。[1]

虽然德、俄、中国的近代文化都有这四个特点，使得"这些国家的哲学启蒙运动都遭到了挫折而未能很好完成历史的任务,但却唤醒了一代代后继者"[2]。仅以中国而言："中国在历史难产的痛苦中觉醒的先进人物，为摸索真理而走过的道路更加艰难曲折，似乎可以分为五代。单就哲学启蒙说，明清之际的黄宗羲、顾炎武、方以智、王夫之到颜元、戴震、焦循等同具人文主义思想的早期启蒙者属于一代，阮元、龚自珍、魏源、林则徐等开始放眼世界的地主改革家为一代，严复、谭嗣同、康有为等努力接受西学以图自强的资产阶级维新派为一代，以孙中山、章太炎为代表的资产阶级革命民主派和后期梁启超及王国维、蔡元培等试图会通中西自立体系的资产阶级学者为一

[1]《中国哲学启蒙的坎坷道路》,《吹沙集》, 第13—14页。
[2]《中国哲学启蒙的坎坷道路》,《吹沙集》, 第14页。

代；三百年来，一代代思想家呼唤风雷，一阵阵古今中外思潮的汇合激荡，终于在伟大的'五四'运动中，崛起了李大钊、陈独秀、毛泽东、蔡和森等由革命民主主义转到马克思主义的思想家。中国哲学革命才被推进到一个新阶段。"[1]

由上分析可知，萧先生所说的明清早期"启蒙哲学"仅是中国近现代哲学出现之前的一种准备阶段，它不同于中世纪的异端思想，但又未达到资产阶级登上历史舞台后用武器的批判和批判的武器反对封建势力的那种思想革命的程度，因而不同于18世纪法国的"启蒙运动"时期的哲学，以及康德所说"启蒙运动"时期的哲学。从中国社会的具体情况来看，"十七、十八世纪中国的哲学启蒙，似应看作中国近代哲学的历史准备的一个特殊阶段，它是明末清初特殊历史条件下的产物"[2]。从社会的整体情况看，"明末清初，封建社会末期经济、政治危机的总爆发，资本主义萌芽的新滋长，自然科学研究热潮的蓬勃兴起，反映市民要求的文学艺术的空前繁荣，表明中国封建社会及其统治思想已经走到""马克思所说的尚未达到'崩溃时期'，但已'能够进行自我批判'的历史阶段"[3]。具体来说，有如下新的思想动向：

其一，"这一时期合乎规律出现的早期启蒙思潮，曲折反映当时市民反封建特权的要求，直接受到农民大革命的风雷激

---

[1] 《中国哲学启蒙的坎坷道路》，《吹沙集》，第15页。

[2] 《中国哲学启蒙的坎坷道路》，《吹沙集》，第16页。

[3] 《中国哲学启蒙的坎坷道路》，《吹沙集》，第16—17页。

荡的影响，表现出这些越出封建藩篱的早期民主主义意识"。像王夫之、黄宗羲、唐甄、颜元、李塨等人提出的政治与经济改革思想，与"当时农民革命的理想有质的区别，却与资本主义萌芽的发展要求有着隐然的联系。至于他们反对'崇本抑末'，主张'工商皆本'；抨击科举制度，主张设立学校，以及要求发展科学技术和民间文艺等，更具有鲜明的启蒙性质"[1]。

其二，"早期启蒙学者以特有的敏感，注意并尊重新兴的'质测之学'吸取科学发展的新成果与'核物究理'的新方法，以丰富自己的哲学"。其代表人物有徐光启、方以智、梅文鼎、王夫之。像方以智在《物理小识》中关于物质和运动不可分的理论论证，王夫之在《张子正蒙注》《俟解》中关于物质不灭和能量守恒原理的具体论证等，都由于吸取了科学成果而达到了新的水平，而方以智、王夫之对"质测"之学（相当于今日的"科学"）与哲学关系的论证，"使得这一时期启蒙哲学的理论创造从内容到方法都具有新特色"[2]。

其三，"早期启蒙学者反映新时代要求，开辟了一代重实际、重实证、重实践的新学风"。"启蒙者治学方法，突破汉宋，别开新途，日益孕育着近代思维方法"[3]。

要而言之，"十七世纪中国崛起的早期启蒙思潮，就其一般的政治倾向和学术倾向看，已显然区别于封建传统思想，具

---

[1] 《中国哲学启蒙的坎坷道路》，《吹沙集》，第17页。
[2] 《中国哲学启蒙的坎坷道路》，《吹沙集》，第17—18页。
[3] 《中国哲学启蒙的坎坷道路》，《吹沙集》，第18—19页。

有了对封建专制主义和封建蒙昧主义实行自我批判的性质。这
种批判之所以可能并必然出现的社会基础，是当时农民、市民
反封建大起义的震荡下地主阶级内部的政治分化"[1]。而"中国
早期启蒙思潮"的社会基础与欧洲的意大利、以及法国、英国
不同，而与德国、俄国相似，也影响到中国早期启蒙思想与
意大利、以及法、英早期启蒙哲学的不同。比如说，按照近代
哲学思想发展的正常轨迹来看，18世纪中国哲学界在出现了
颜元、戴震这两种"分别显示了唯物主义经验论和唯物主义唯
理论的哲学倾向"之后，"历史地预示着朴素形态的唯物辩证
法必将代之以形而上学的方法为特征的新的哲学形态"[2]。"但
是，由于清初历史洄流中新经济和新思想横遭窒压和摧折，这
种新形态的哲学在戴震之后虽经焦循、阮元等的努力而仍未能
诞生。19世纪初叶，中国以鸦片战争之后的民族苦难而转入
近代。结果，明清之际早期启蒙哲学的思想成果几乎被掩埋了
一百多年，而到19世纪末才在资产阶级的变法维新运动和推
翻清朝统治革命运动中重新复活，起着一种思想酵母的特殊作
用。"[3]这种"历史洄流"所造成的中国近代社会的"难产"，使
得中国在全球现代化的过程中处于一种被动挨打的地位，民族
精神也承受了巨大的创伤，至今还没有完全恢复过来。而有关
中国现代化道路的特殊性，以及追求具有普适性的中国现代化

[1]《中国哲学启蒙的坎坷道路》，《吹沙集》，第19页。
[2]《中国哲学启蒙的坎坷道路》，《吹沙集》，第21页。
[3]《中国哲学启蒙的坎坷道路》，《吹沙集》，第21页。

之间的理论张力，至今仍然在不时地困扰着中国社会现代化的实践运动。有经济优势的欧美发达国家始终以不断变化的方式来给中国的现代化事业施压，制造种种障碍，压缩我们的生存与发展空间，逼使我们付出更多有形与无形的代价。而现实中国的种种困境似乎都可以从近四百年中国的历史中寻找到它们的内在原因。

二、明清之际"早期启蒙思潮"的三个阶段与三大主题

在20世纪80年代初发表了《中国哲学启蒙的坎坷道路》（1982）之后，萧先生接着又发表了《对外开放的历史反思》一文，继续深化他有关明清之际"中国早期启蒙思潮"问题的思考。在该文中，他将从万历到"五四"的三百年文化看成一个整体，其发展的主流形式呈现为一个"马鞍形"或"之"字形。他说："从万历到'五四'，三百年的文化运动就其主流而言呈现为一个马鞍形。历史按'之'字路发展，表明了历史的客观要求总是通过复杂的历史事变表现出来，表现为否定之否定的螺旋前进历程。"[1] 这一学术论断既与"坎坷道路"一文的"五代说"有内在联系，又进一步开启了他后来在指导我做博士论文时期提出的"三阶段划分"的思想。而三阶段划分思想

---

[1]《对外开放的历史反思》，《吹沙集》，第42页。

的成熟形态表现在他与许苏民合著的《明清启蒙学术流变》一书中（下文简称《流变》一书）。该书在比较现代化的视野下，系统而又深入地考察了明清之际早期启蒙思潮的发生、发展、遭受挫折的历史过程，以更加中国化的马克思主义现代化理论为指导，并以更加丰富、详实的思想史资料和更加有分寸的理论分析，来再一次证明了中国是有自己民族特色的，同时又有与世界近代性思想本质相一致的"早期启蒙思想"。该书从三个大的方面深化并发展了侯外庐先生的"早期启蒙说"。其一是，将中国早期启蒙思想开端上推到16世纪30年代，比侯外庐先生"17世纪早期启蒙说"早了约70年。其二是，明确地将早期启蒙思潮分为三个阶段，并对三个阶段的思想主题、特征进行了细致的剖析。其三是，在比较哲学与比较文化的宏阔视野里，第一次明确地将反对"伦理异化"规定为中国早期启蒙思想的自身历史任务，以此凸显中国传统社会走向近现代社会的自身特点，同时又是以追求个性解放的现代性的普遍性而具有世界历史的特征。

《流变》一书明确地指出，"从15—16世纪始，人类社会开始从国别的、地域的历史进入'世界历史'，——在西方和东方文明内部都先后生长出现代经济和思想文化等'世界历史'的因素，并按照体现着这一总趋向的各自特殊发展道路而走向对于人类普遍价值认同。在中国，从明代嘉靖初至清道光二十年——即16世纪30年代至19世纪30年代——正是一个使古老文明汇入世界历史的特殊发展时期。它既体现着社会发展和人类心灵发展的一般规律，同时又因中国古代文明形成和发展的既往的特殊性而使从传统走向现代的社会发展和思想启蒙的道路具有格外'坎坷'的中国特色。"[1]

这一具有中国特色的"早期启蒙思潮"大体上可分为三个阶段。

"第一阶段：从明代嘉靖至崇祯，约16世纪30年代至17世纪40年代。"[2]这一时期的中国早期启蒙学术的主要特点可以概括为："抗议权威，冲破因缚，立论尖新而不够成熟。"而这一时期思想领域的中心内容是"人的重新发现"的近代人文主义，而"以人文觉醒对抗伦理异化，崇真尚奇，蔚为风气，成为这一时期思想启蒙的主要特色"[3]。

"第二阶段：从南明弘光、永历到清康熙、雍正，17世纪40年代至18世纪30年代。"[4]这一时期的中国早期启蒙学术的主要特点可以概括为："深沉反思，推陈出新，致思周全而衡虑较多。"[5]而这一时期思想领域的中心内容是"批判君主专制制度的初步民主思想"。由于这一时期的民族矛盾与新旧矛盾的纠葛，早期启蒙思想家的民主政治理想表现为"早期自由主义

---

[1] 萧萐父，许苏民：《明清启蒙学术流变》，辽宁教育出版社，1995年，第1—2页。蒋国保兄在2009年11月2—4日的"国际明清学术、思想研讨会暨纪念萧萐父先生诞辰八十五周年"的会议上提议，为了将萧先生的"早期启蒙说"与侯先生的区别开来，可以命名为"坎坷启蒙说"。

[2] 萧萐父，许苏民：《明清启蒙学术流变》，第2页。

[3] 萧萐父，许苏民：《明清启蒙学术流变》，第3—4页。

[4] 萧萐父，许苏民：《明清启蒙学术流变》，第4页。

[5] 萧萐父，许苏民：《明清启蒙学术流变》，第4页。

与早期乌托邦主义者"[1]的分歧，但在整体上表现为早期民主思想。

"第三阶段：从清乾隆到道光二十年，即18世纪30年代至19世纪30年代。"[2]这一时期的中国早期启蒙学术的主要特点可以概括为："执著追求，潜心开拓，自处洄流而心游未来。"[3]而这一时期思想领域的中心内容是"学术独立和学术研究中的知性精神的发展"[4]，并且"带有向晚明启蒙思想复归的特征，'童心说'、'性灵说'、'解缚说'、'人皆有私说'等晚明思想，都被重新加以强调"[5]。

与上述三个阶段相适应，明清"早期启蒙思潮"从性质上看可以归纳为三大主题：

第一，"个性解放思想，以自然人性论为出发点的新理欲观、新情理观、新义利观、新群己观等，以及对传统社会中各种异化现象的揭露批判"[6]。

第二，"初步民主思想，以五伦关系的重新解释为基础的各种'公天下'的政治设计，以及对君主专制制度的否定性批判"[7]。

---

[1] 萧萐父，许苏民：《明清启蒙学术流变》，第5页。
[2] 萧萐父，许苏民：《明清启蒙学术流变》，第5页。
[3] 萧萐父，许苏民：《明清启蒙学术流变》，第6页。
[4] 萧萐父，许苏民：《明清启蒙学术流变》，第6页。
[5] 萧萐父，许苏民：《明清启蒙学术流变》，第7页。
[6] 萧萐父，许苏民：《明清启蒙学术流变·跋语》，第784页。
[7] 萧萐父，许苏民：《明清启蒙学术流变·跋语》，第784页。

第三，出现了"近代科学精神"。而这一时期思想家提出的"新人性论及其哲学基础，新社会理想及对'众治'、'大公'等的向往，新思维模式及对科学方法的探索"[1]，成为这一时期新思想的第三个主题。

这三大主题在近代社会获得了新的启蒙学者的广泛认同，龚自珍、魏源、梁启超、章太炎、鲁迅等人都分别从不同侧面继承并光大了早期启蒙哲学精神。大量丰富而又生动的历史事实足以表明：从晚明到"五四"的三百多年，中国的启蒙思潮经过漫长而曲折的发展，就其思想脉络的承启贯通而言，确可视为一个同质的文化历程。[2]

三、"难产"的历史现象与明清之际"启蒙哲学"的历史任务

"难产"说是侯外庐先生依据马克思主义的唯物史观研究中国历史与思想史的过程中，针对中国社会新的历史阶段难以出现的历史现象而概括出的一种形象说法。作为自觉坚持马克思主义历史唯物主义与历史辩证法的中国马克思主义哲学史家的萧萐父先生，从他的前辈马克思主义学者的研究成果中汲取了合理的因素，在马克思主义的理论框架里进一步论述了"难

---

[1] 萧萐父，许苏民：《明清启蒙学术流变·跋语》，第784页。
[2] 萧萐父，许苏民：《明清启蒙学术流变》，第24页。

产"的历史现象。

（一）"难产"的历史现象

萧先生在研究中国社会与思想运动的过程中，接受了侯外庐先生的"难产"说。他对"难产"作了这样的思想规定："'难产'作为一种历史现象，指社会运动和思想运动的新旧交替中出现新旧纠缠，新的突破旧的，死的又拖住活的这种矛盾状况。它在我国历史上多次出现，似乎带有规律性。"[1]第一次"难产"出现在奴隶社会向封建社会过渡的时期，从春秋到战国的封建化时期，也经历了数百年的历史，经过"维新"道路之后，奴隶社会的"宗法制度"、"原始宗教以及氏族伦理观念等作为历史沉淀物被大量保留下来"。[2]而第二次"难产"就是中国近代社会的"难产"。这一次"难产"所出现的"历史洄流"就是清代的康熙、雍正、乾隆时代，大体上是整个18世纪。而鸦片战争之后，由于西方列强的入侵，中国的近代陷入了民族的苦难之中而使近代化出现一种畸形状态，"中国资产阶级由于政治上软弱、文化上落后，既无力完成自己的社会革命的任务，也就更加无力完成自己的哲学革命的任务。中国的近代及其哲学运动，短短数十年，匆匆跨过西欧近代哲学发展几百年的历史行程；但就理性的觉醒、理性的自我批判、理

---

[1]　萧萐父：《吹沙集》，第24页。
[2]　萧萐父：《吹沙集》，第24—25页。

性的成熟发展等，即这一历史阶段所需要完成的主要业绩而言，却并未跨过，而是处于长期'难产'"[1]。而中国近代哲学的"难产"，除了经济与政治的原因之外，与宋明道学家们所制造的"精神枷锁"以及这副枷锁上的花朵与彩带的麻醉有关，而这副"精神枷锁"相对于西欧中世纪的神学枷锁而言，恰恰是一种"伦理异化"。萧先生认为，宋明道学家讲的"复性""复理"，乃是达到一种"奴性的自觉"，绝不是"人性的复归"，而恰好是导致人性的严重异化。宋明道学家们称之为"本诸人情，通乎物理"[2]的伦理体系，恰恰是一种"伦理政治异化的理论体系，统治了几百年，渗入上层建筑的各个部分，是一种具有极大麻醉力的封建蒙昧主义。它服务于后期封建社会的专制统治，成为束缚民族智慧、阻滞历史前进的主要精神枷锁"[3]。而且，在这副精神枷锁上还装饰着"孔颜乐处""极高明而道中庸""仁者浑然与物同体""四时佳兴与人同""数点梅花天地心"之类的"虚幻的花朵和彩带"，[4]它们一同麻醉了人们，阻碍了中国社会的进步。

与"难产"说精神实质一致并深化这一思想概念的，还有"历史洄流"说。在明清"早期启蒙学说"的整体框架下，萧先生将18世纪的清代看作是早期启蒙思想发展过程中的"历史

---

[1] 萧萐父：《吹沙集》，第24页。

[2] 程颢：《论十事札子》，参见《吹沙集》，第26页。

[3] 萧萐父：《吹沙集》，第26页。

[4] 萧萐父：《吹沙集》，第26页。

洞流"阶段。这是因为在清代康熙后期，雍正、乾隆、嘉庆时期，清政府实行政治与文化专制手段，几乎完全扑灭了"十七世纪早期启蒙的思想火花"[1]，"许多科学论著和发明被历史的洞流所淹没，整个民族的科学智慧被摧抑、被扭曲，陷入了龚自珍所描绘的'万马齐喑'的困境"[2]。比如说，宋应星的《天工开物》于1637年出版后被译成日、法、英几种外文出版，在中国境内于18世纪后竟遭禁毁，连《四库全书总目》也不予著录，而法国传教士蒋友仁于1760年写成《地球图说》一书，正式介绍西方划时代的哥白尼的日心说和开普勒的行星运动三大定律，却被乾隆朝的官员斥为"异端邪说"。在萧先生看来，这一时期所形成的乾嘉朴学思潮，"无论在古文献的考订、辨伪、辑佚方面，还是在古代数学、天文、地理、医学、农学等自然科学史料的整理、汇编方面，都处处表现出受到了西方逻辑方法和科学思想的影响"[3]。因此，这一历史"洞流"时期，中国早期启蒙思想的正面思想价值，以及中国传统学术按照自身的历史与逻辑进程所发展出来的积极因素，并未能得以很好地彰显出来。这也是中国近代化过程落后于西方，最终导致西方的全面入侵，使中国的现代历史步入艰难曲折、血泪斑斑历史的特殊性地方。

---

[1]　萧萐父：《吹沙集》，第40页。

[2]　萧萐父：《吹沙集》，第41页。

[3]　萧萐父：《吹沙集》，第41页。

（二）反对"伦理异化"

有关"伦理异化"的问题，萧先生在《传统·儒家·伦理异化》一文中有更为系统的论述。在该文中，萧先生系统地分析了儒家杂而多变的思想传统，并将这一传统从四个方面将以归纳，那就是：其一，儒经的传统；其二，儒行的传统；其三，儒学的传统；其四，儒治的传统。这四个层面"各成系统而又密相结合，故所谓儒家传统，并不仅是一种学术思想或精神资源，而是依附于一定的经济政治制度的伦理规范、社会风习、文化心态、价值理想等的综合体，涵盖面广，渗透力强，在历史上曾起过重大的支配作用"[1]。

就儒家传统的历史来看，"儒学在其原生阶段，立论朴实，旨在重视人伦和人的实践智慧，追求理想的社会和谐秩序"[2]，因而具有较进步的思想内容。然而，"秦汉新儒家摄取阴阳家言，融合道法刑名思想，服务于宗法封建制的统一法度，实现了儒法政治合流。……往后，发展为'名教本之自然'的正宗玄学，再发展为'明体达用'、'理一分殊'的理学正宗，始终都在论证宗法伦理及其政治推广的纲常名教的神圣性和绝对性。绝对化的纲常名教，日益成为丧失了主体自觉道德的异化的伦理教条，其所维护的宗法等级隶属关系，日益变为人性

---

[1] 萧萐父：《吹沙集》，第138页。
[2] 萧萐父：《吹沙集》，第136页。

的桎梏，变为道德自觉的反面，人的真正价值被全面否定"[1]。
"这一历史事实，可以被理解为类似宗教异化的**伦理***异化
现象。"[2]

萧先生对儒家传统中的"伦理异化"现象的形成有一段非
常精辟的论述，今不惮其文字之长，引出以见其立论之辩证。
他说：

> 儒家传统的礼教思想、伦理至上主义，有其重视道德
> 自觉、强调教化作用、追求人际关系和谐等可取因素。但
> 因其植根于我国奴隶制社会和封建制社会长期顽固保存的
> 宗法关系之中，一开始对理想人格的设计，就以客观化的
> 等级名分制度和人际依附关系为基准，而使个体的主体性
> 消融于其中；个体的存在和价值完全隶属于超个体的整
> 体，只有事父事君，尽伦尽责，才可能获得个人存在的意
> 义和价值。因此，一个人的道德自觉性愈高，愈是最大限
> 度地尽到伦理义务，也就愈是自觉地否定自我，乃至扼杀
> 个人的道德意识。同时，把人之所以为人的本质归结为道
> 德活动，蔑视人的其他一切价值，人不必去追求成为独立
> 的认识主体、审美主体、政治、经济、科技、生产活动的
> 主体等等，而只需要成为纲常名教的工具。这种伦理至上

---

[1] 萧萐父：《吹沙集》，第140页。

* 原文为"理伦"，当为校对错误。

[2] 萧萐父：《吹沙集》，第140页。

主义,绝非人文精神,相反地,乃是一种维护伦理异化,
抹杀人文意识的伦文主义。它不仅仅取消了人的主体性,
尤其抹杀了人的个体性,把个体消解于异化了的群体人伦
关系之中。只有冲破伦文主义的网罗,才可能唤起人文主
义的觉醒。[1]

透过此段引文可以比较完整地看出萧先生对儒家传统如何
走上"伦理异化"道路的认识。通过对"伦理异化"概念的理
解,可以更加清楚地理解其中国"早期启蒙说"的历史与逻辑
相统一的进程。而这也是他的明清思想研究继承、深化并超越
侯外庐先生"早期启蒙说"的重要内容之一,更是他超越梁启
超、胡适等人有关明清之际有类似西方"文艺复兴"思想论述
的地方。透过"伦理异化"概念,把"异化"了儒家伦文主义
思想与近现代文化所要追求的人文主义思想,特别是马克思主
义的人文主义思想之间的区别给予了明晰的规定。这一规定,
对于当前"国学热""传统文化热",特别是儒家文化热具有很
好的正面引导作用。

正如上文所说,相对西欧社会而言,"难产"是中国社会
经常出现的特有现象,"伦理异化"则是"中国封建社会特有
的历史现象"。对于这一异化的伦理进行理论辩护的,历代社
会大有其人,前期以董仲舒为代表,采用神学论证方式;后期

---

[1] 萧萐父:《吹沙集》,第141页。

以朱熹为代表，采用哲学论证方式。但反抗者亦代不乏人，前期以鲍敬言为代表，托古言志；后期有黄宗羲，托古而心向未来。至于李贽的"童心说"歌颂"真人"揭露并批判"假人"，戴震对后儒"以理杀人"的怒斥，龚自珍对"众人之宰，自名曰我"的个体主体性高扬等等，"全是一派反抗伦理异化的叱咤声"。[1]这一反"伦理异化"的思想，与西方近、现代过程中反"宗教异化"，显然具有不同的历史内容，从而显示出在普遍的"启蒙哲学"概念下有着不同的民族历史内容，使得中国早期"启蒙哲学"带有一种明显的反对现代西方哲学在理性主义的旗帜下所表现出的"普遍主义"与现代型的西方中心主义的思想内容在其中。[2]这一新的思想内容只有站在"世界哲学"的视野下，跳出西方中心主义的视角才能发现现代"世界哲学"的新内容。

（三）历史接合点

研究明清之际早期"启蒙哲学"的强烈现实关怀是历史"接合点"的问题意识。萧先生认为，中国的现代文化建设要与传统文化相结合，但与传统文化中的哪些优秀文化传统结合呢？萧先生认为，只有与中国传统文化内部已经萌发的早期现代文化思想精神传统相结合，才能真正做到中国传统文化与外

---

[1] 萧萐父：《吹沙集》，第142页。

[2] 参见郭齐勇：《萧萐父先生的精神遗产——兼论萧先生启蒙论说的双重含义》，《哲学评论》第七辑，武汉大学出版社，2009年，第7—14页。

来的、现代西方文化的结合，从而让外来的先进文化在中国自己合适的文化土壤上生根、开花、结果。对此问题，萧先生在多篇文章与多次访谈中都反复申述这一观点。较早集中谈论此一问题的文章是《文化反思答客问》一文。在该文中，萧先生就中国文化的"活水源头"问题这样说道："我认为，从十七世纪以来中国的文化变动中……可以探得古老中国文化向近代转化的'源头活水。'……至于历史的接合点，我用的是'接力赛'的'接'，因为主体参与的文化代谢发展，有一个如何'接力'的问题。任何人研究历史文化，清理思想遗产，无论他自觉与否，实际上都是参与民族文化的接力赛，都是在寻找最佳、最近的接力点。只是由于各种原因，人们对多元的传统文化各有选择，对历史的接合点各有取舍而已。"[1]他接着举例说，从龚自珍、魏源到康有为、梁启超，他们都是接着今文经学，把公羊家的观点当作他们改革的思想源泉；而以冯友兰为代表的现代新儒家则是接着朱熹讲，或接着王阳明讲，当然也有嵇文甫、杜国庠、谢国桢、侯外庐等继承梁启超的近三百年学术史的路数而分别从不同的角度接着17世纪的思想往下讲。[2]很显然，萧先生是继嵇、杜、谢、侯等人而从16世纪中后叶的李贽等人所开启的中国"早期启蒙思想"往下讲。他认为，宋明理学的"主流和本质仍然是属于中世纪的蒙昧主

---

[1] 萧萐父：《吹沙二集》，第55页。

[2] 萧萐父：《吹沙二集》，第55—56页。

义"，其"理论特征在于辩护伦理异化的合理性"，"他们的理论归宿、价值取向绝非近代人文主义的哲学启蒙，而不过是传统的伦文主义的哲学加工"，"而伦文主义恰是人文主义的对立物"。[1]因此，当代中国现代文化建设要寻找自己民族文化的源头活水，只能与明清之际早期启蒙思想的现代人文主义精神相接契，而不能与宋明理学相接契。这便是萧先生的明清早期启蒙思想研究的现实关怀，也是他有关历史"接合点"问题思考的真正用意之所在。

四、结语

现代西方"启蒙哲学"的历史内容是现代的资产阶级反对传统封建专制社会（马克思历史哲学意义下的"封建"社会）的思想意识形态，它首先在近、现代西方社会发展成熟而成为现代世界的主流论述形式。中国明清之际早期"启蒙哲学"的论述方式，是在中国的马克思主义学者的积极努力下，通过合理扬弃非马克思主义学者的明清学术、思想的研究成果逐步完善的，并逐渐成为20世纪40年代以后中国思想界有关明清以降中国社会学术、思想发展的主流论述形式之一。在"后现代"反对现代性宏大叙事的学术思潮的影响下，再加上当代中国学术多元化局面的形成，有学者认为这一论述形式在当今表

---

[1]　萧萐父：《吹沙二集》，第59页。

现出了一种"式微"的趋势与现象。[1]对此，我们应该如何看待这一问题呢？

　　就目前的明清学术、思想研究的现状看，很少有人再直接讨论明清之际早期"启蒙哲学"的问题了，这是事实。但是，只要是阐述明清之际的新思想，就无法绕过"早期启蒙哲学"的论述内容，这也是事实。这就表明明清"早期启蒙说"的历史影响依然存在。相对于20世纪40年代至80年代的热烈场面而言，"早期启蒙说"的确表现出了"式微"的态势，其原因是多方面的。在我看来，主要是由于当代中国的历史任务已经发生了变化。当代中国的现代化建设在实践上如火如荼地展开着，现代化过程中出现的各种问题使得学术界把眼光主要放在对现代化实践中出现的一系列负面问题的批评上面，而不再把眼光放在呼吁现代化的历史要求方面了。批评现代化实践中出现的环境污染问题，生活中的物化现象、人情的冷漠现象以及个人私欲的膨胀，政治生活中的腐败现象等，因此，当代的中国学人主要从传统文化中寻找批评现代化过程中的问题，而不是现代化的缺失，这样，早期启蒙思想家们呼吁的历史要求已经以另一种新的片面的形式完成了。这是"早期启蒙说"在当代表现出"式微"的主要原因。但是，中国现代化过程一直没有解决好的历史任务——如民主政治问题，一直如恶魔一样纠

[1]　参见李维武：《早期启蒙说的历史演变与萧萐父老师的思想贡献》（未刊稿）。

缠着中国人的灵魂，这一未完成的历史任务使得我们不得不一次次地要把眼光放到对明清以来有关中国政治制度改革的早期启蒙思想家的论述上面来。因此，如何吸收其中合理的思想内核，深化并细化对中国思想发展史的认识，揭示出其中带有规律性的现象，仍然是我们要继续努力的事情。具体来说，透过对萧先生的明清早期"启蒙哲学"思想的研究，我个人有如下五点感想：

第一，如何全面、准确地理解马克思主义的历史唯物主义与辩证法思想体系，并继续将其作为研究中国历史与思想发展史的原则与指导方针，从历史与逻辑相统一的思想原则出发，更加科学、准确地认识并揭示中国传统社会的特征与思想发展的真实历程，从而丰富"世界历史"条件下人们对人类文明发展的特殊性与普遍性关系的认识。

第二，通过对中国文化"难产"现象的深刻认识，一方面避免在理论上对中国传统社会与传统思想作简单化的处理与论断；另一方面要有充分的心理与思想准备，在实践上对于中国社会现代化历史任务的艰巨性、漫长性要有清醒的认识。"五四"新文化运动以来出现的各种文化逆流，"文化大革命"给予中国人的惨痛教训，当前中国民主进程的迟缓，部分企业家的违规生产等等，都从不同方面证实了中国现代文化"难产"的论断。因此，对于当前中国社会的现状既不要盲目乐观，也没有理由悲观，而是要通观中国的社会历史，特别是现代化的漫长而曲折的历程，以一种冷静的心态看待中国历史的发展与变化。

第三，通过对反"伦理异化"具体启蒙任务的认识，时刻警惕当代中国及今后中国社会出现的各种变相的旧的或新的"异化伦理"的幽灵，以韧性的、积极的精神努力从事中国特色的现代文化建设的伟大事业，并以之与中国特色的现代化建设的伟大社会实践相匹配。

第四，通过对历史"接合点"思想的深度反思，对于外来文化与中国传统文化的结合问题作出更加深入、广博的历史思考。合理扬弃传统文化，特别是儒家伦理文化的"异化"内容，将其中所包含的人文理性的合理内核拯救出来。并将道、墨各家以及佛教文化中的合理因素继承并光大，成为当代中国现代文化建设中的积极因素。

第五，在合理继承侯外庐—萧萐父明清"早期启蒙说"的思想内核的基础上，发展出中国马克思主义的现代"启蒙哲学"学说，从而扬弃整个现代资产阶级"启蒙哲学"的思想内容，努力清理自晚明以来中国现代精神文明的遗产，自觉地完善、维护并坚持现代文明的精神，以促进人的自由而全面的发展为现代学术的根本精神与目标，以发掘多元合理价值与文化为学术职志，对于各种"异化"现象进行不间断的理论批判工作，在"世界历史"的新阶段——经济的全球化与文化的多元化时代里，把明清之际学术、思想中的现代性因素看作是中国现代文化发展的必经一环，并将明清学术、研究看作是中国现代文化建设的有机组成部分，使各种看似分散的学术、思想研究在中国现代文化建设的目标上获得自己应有的意义，从而超越现代西方盛行的"后现代"文化在批判现代文化理性专制与理性片面性时将人类现代文明的整体性进行割裂，造成现代文明的破碎化与意义的虚无化的理论局限。

第二节
西方"启蒙"观念在现代中国
哲学史中的运用与发展

　　现代西方哲学中的"启蒙"观念对于近、现代中国社会的各个层面都产生了广泛的影响。在中国哲学史的书写过程中，侯外庐、萧萐父二人继承梁启超、胡适的明清思想研究成果，运用马克思主义哲学的理论范式，将晚明至清道光年间三百多年的历史称之为"明清之际"，并认定这一历史时期内中国出现了资本主义萌芽，而与资本主义萌芽相适应，在思想界也出现了"中国早期启蒙思想"。萧萐父还进一步论定，与欧洲启蒙思想反对"宗教异化"的历史任务不同，"中国早期启蒙思想"主要是反对"伦理异化"。现代中国思想史研究中对现代西方"启蒙"观念的理解、运用，从一个侧面反映了"启蒙"观念在现代世界历史中的多义性与差异性。

　　近现代西方的"启蒙"观念在现代中国的社会生活与思想、学术诸层面，有广泛、深入而又持久的影响力。在近三十五年的前二十年里，伴随中国社会改革开放以及经济的发展，"新启蒙"的思想运动一度在思想界颇为活跃。20世纪90年代中后期，伴随着文化的自觉，本土文化，特别是儒家文化的蓬勃展开，有关"启蒙"的声音逐渐消沉。而与此同时，对"启蒙"的反思已经开始。[1]但"启蒙"观念中所包含的现代性的价值谱系，如自由、民主、平等、科学、理性、博爱、正义、公平、人权、个性等政治、社会、道德的思想观念，仍然在潜流涌动，并通过现代发达的信息化系统越来越深入到下层民众的心灵之中，进而对政府、社会提出各种各样的现代性诉求。而网络问政、网络监督，是民主政治理念在网络化技术时代的最新体现。就学术层面来看，有关"启蒙"的讨论虽然大大减少，但也不是完全销声匿迹，不时有一些文章、会议讨论"启蒙"问题。[2]本文并不想对"启蒙"观念在现代中国的传播史作一全幅式的描述性研究，而只想就"启蒙"观念在20世纪中国哲学史研究中的运用情况，作一微观的探索，以侯外庐、萧萐父二位先生的明清哲学史书写为例，展现"启蒙"观念在现代中国被理解、接受与改造的某一个侧面，进而显示比

---

[1] 参见《学海》2010年第五期《启蒙反思（笔谈）》一组文章。另外，当代新儒家代表人物之一杜维明很早就一直在倡导"启蒙反思"的问题，而当代中国的环境伦理学学者，如卢风最近十几年来也一直在从事启蒙反思的工作。他著有《启蒙之后》（湖南大学出版社，2003年）一书，对启蒙思想的得失进行了系统的反思。最近又有胡治洪教授编的《现代思想衡虑下的启蒙理念》一书（武汉大学出版社，2011年），收录一系列从学术史、思想史的角度反思启蒙理念的论文。

[2] 2009年10月24—26日，武汉大学哲学学院、柏林自由大学哲学系共同举办了"启蒙与全球化"学术研讨会。

较文化视野中"启蒙"观念理解的差异性与丰富性。

一、侯外庐的"中国早期启蒙说"

早在1945年,侯外庐在重庆三友书店出版的《中国近世思想学说史》一书,就已经蕴含了"中国早期启蒙说"的思想萌芽。[1]后来他又写了大量的研究论著,较早地以马克思主义的唯物史观,对李贽、王船山、方以智等思想家进行了拓荒性的研究,取得了丰硕成果,并对国际汉学界,特别是日本汉学界的明清思想研究产生了深刻的影响。20世纪50年代中期,他又将此书进行修订并把从明末到鸦片战争前的部分单独出版,改名为《中国早期启蒙思想史》,又作为他主编的《中国思想通史》的第五卷。从侯先生的思想变化历程来看,20世纪50年代之后,"阶级斗争"的理论在其思想史研究中表现得特别明显,因而带有明显的时代印痕。这些文字的学术性并不强。此处我们将以他为第一主编的《中国思想通史》第四卷(下)和第五卷为主要文本,概述其"中国早期启蒙说"。至于他在20世纪40年代至50年代有关"中国早期启蒙"思想论述的细微变化,暂时不予以讨论。

侯先生的"中国早期启蒙说",从表面上看与梁启超的观

---

[1] 参见萧萐父,许苏民:《"早期启蒙说"与中国现代化——纪念侯外庐先生百年诞辰》,《吹沙三集》,第38—57页。

点有相似之处，然而，其理论的基础与研究方法皆与梁启超大相径庭。他运用马克思主义的唯物史观，从经济、政治、阶级分析等多重角度，对明清之际三百年的思想变化之过程及新思想之性质作出了更为系统、新颖的分析与判定，在现代性的宏大叙事背景下考察明清三百年哲学思想的特征及其与现代思想的关系，而且重新掘发了许多新材料，对以往不受重视的"异端"思想家，如李贽以及在"明清之际"[1]思想史上有重要地位而未能予以重视的人物，如方以智、王夫之等人，给予了高度的评价。他认为，"中国启蒙思想开始于十六、七世纪之间，这正是'天崩地解'的时代。思想家们在这个时代富有'别开生面'的批判思想"[2]。

具体来说，侯先生对明清之际三百年学术思想的研究有如下三个重要特点。首先，他从整体社会性质的判定入手来评判新思想的性质，认定明清之际是中国近代"启蒙思想"开始的时代；其理论判定的理由是："十七世纪的中国社会，已存在着资本主义的幼芽，这是在十六世纪中叶开始的。"[3]

其次，他通过对中国与欧洲社会历史的比较，并以马克思

---

[1] "明清之际"是一特殊的学术史概念，指晚明至清道光三百年左右的历史时期，不只是一般语言中的明清之交，即晚明与清初的五十年左右的历史时期。不理解此概念，就不能很好地理解侯外庐、萧萐父的"中国早期启蒙说"的学术思想。

[2] 侯外庐：《中国思想通史》（第五卷），人民出版社，1992年，第3页。（后引文献皆为此版本，不再注明，仅注页码。）

[3] 侯外庐：《中国思想通史》（第五卷），第3页。

主义学者关于现代化的理论为指导思想，揭示了中国传统社会向现代蜕变的世界史的一般特征与自身特质。如他说："从十六世纪以来，中国的历史没有如欧洲那样走向资本主义社会，这并不等于说，中国封建社会没有解体过程，没有资本主义的形成过程。关键在于，既在封建社会的母胎内产生了资本主义的萌芽形态，又在发展过程中未能走进近代资本主义世界，这即是马克思说的既为旧的所苦，又为新的发展不足所苦，死的抓住活的。"因此，对于明代中后期以来中国社会内部的新旧矛盾的分析，"既不能割断历史，否定中国封建社会内部的顽强传统的历史"，"又不能忽视历史发展的客观条件，否定资本主义的形成过程。"[1]

他以列宁对俄国资本主义萌芽的理论分析为参考背景，将中国的早期启蒙思想总结为三大特色：①"中国的启蒙者如何心隐、李贽以至于王夫之、黄宗羲、顾炎武和颜元等人，都以各种表现方式，强烈地仇视农奴制及依存于它的一切产物。……反对封建国有土地制和大地产的占有制，反对一切政治法律上的束缚，反对特权和等级制度，反对科举制度（时文）"，其中有些人提出了"自由私产"的主张，有的传播土地平均的思想。②他们都拥护教育、自治和自由，如东林党人的自由结社与讲学的主张，顾炎武的地方自治主张。③他们同情人民的利益，特别是农民的利益，尽管他们的多数并不同

---

[1] 侯外庐：《中国思想通史》（第五卷），第16页。

情农民的暴动。[1]

最后，他从人类思维的一般规律高度来分析中国早期启蒙思想者的思维特点。他认为，中国早期启蒙学者往往采取抽象的理论还原形式，将自己的理想以托古改制的方式表达出来，从而造成了思想的表达形式与思想的实质内容之间的矛盾：一方面向往未来，另一方面又表现出对过去的深情眷恋。因此，对启蒙学者思想实质的把握就必须超越其语言的表面形式，"从他们的代数学似的绝对概念中来分析他们的抽象语句背后的实质，而不能直截了当地看出他们的语言与实质之间的统一"。"启蒙学者所使用的语言大都是古色古香的，他们爱好古代语言的形式，而想说的是近代的内容，表里又是极不一致的。"[2]在中国，他们"几乎都善于用经学和子学的古代语言而推崇古代世界"，把"过去的历史与将来的历史割裂开来。"[3]而另一方面，中国早期启蒙学者在自然哲学方面大多数具有唯物论倾向，而在社会哲学层面则比较倾向于将个人的道德实践看作善恶的绝对标准。因而人性论的问题往往成为他们讨论社会问题的出发点，从而走向了唯心主义。而且，他们的思想往往不一定是他们"政治的表白"，正如列宁所说："启蒙者没有挑出任何一个居民阶级作为自己特别注意的对象，不仅一般地讲到人民，而且甚至一般地讲到民族。"（《我们究竟拒绝什么遗

[1]　侯外庐：《中国思想通史》（第五卷），第29页。
[2]　侯外庐：《中国思想通史》（第五卷），第31页。
[3]　侯外庐：《中国思想通史》（第五卷），第32页。

产?》)其表达方式往往是通过文艺、哲学、宗教等形式表现出来，因而具有普遍的抽象意义，"间接地具有政治运动意义"[1]。

相比较而言，梁启超也是在中西比较哲学与文化的视野下来审视明清之际三百年学术、思想的性质及其变迁过程的，然而，他并未引进一个系统的理论范式来剖析中国社会的结构及明清三百年思想变化的特质。侯先生则首先引进马克思主义的理论范式，剖析中国社会及明清三百年思想的特质与变化过程，从而引起了明清三百年思想研究的划时代的革命，拓宽了明清思想史研究的视域，并在政治史、经济史、文艺美学以及历史学等多学科产生了广泛的学术与思想的辐射力，形成了广义上的明清学术研究的"新典范"（或曰新范式），从而在断代思想史的研究方面全面地将中国学术的问题意识与现代世界学术的问题意识联系起来，使中国历史"由国别史向世界史"的历史变迁过程由不自觉的形式走向了自觉的形式，并对亚当·斯密、马克斯·韦伯等人的现代化理论形成了第一次强有力的理论挑战。当然，侯先生的这一研究范式因其固有的局限性而受到了海外新儒家和部分研究明清史专家的批评，也受到了大陆上其他一些不同意中国有自己早期启蒙历史的明清史专家的批评。然而，不可否认的是，以侯外庐为代表而坚信"中国早期启蒙说"范式的广大学者，从不同的角度发掘了明清史（广义的历史，包括思想与文化史）中大量的具有近代性因素

---

[1] 侯外庐：《中国思想通史》（第五卷），第35页。

的史料，这些成就是所有研究明清三百年历史与思想史的学者都无法回避的。

简而言之，侯先生初步运用马克思主义的社会学理论、历史理论与方法来解释中国近现代思想启蒙的民族精神之源的问题，对明清思想史的研究作出了度越前人的贡献。其具体理论贡献至少可以从如下三个方面加以认识：

首先，他在继承了梁启超比较哲学与比较文化的广阔视野的同时，更为深入地引进一套系统的马克思主义理论体系，对中国社会的发展历程及明清社会的性质作出了全新的解释，使明清之际的思想史研究与近、现代西方世界的学术、思想史研究有了一个可以比较的理论平台。

其次，由于他引进了一套新的理论体系，从而也引进了一套全新的解释观念系统和解释概念系统，使被包裹在传统学术概念系统下隐而不彰的新思想得以焕发出青春的光芒和学术的生命力。而且在唯物与唯心、辩证法与形而上学、人道主义、社会主义、平等与自由等一系列新哲学观念与社会理想的观照下，使得中国传统学术、思想与同时期欧洲近、现代思想的差距和异同，有了一个可以比较的话语系统（尽管这套话语系统存在着很多问题），从而使明清之际思想的近代意义，中国社会由"国别史"向"世界史"转向的实际历史进程得以从学术与理论上彰显出来。

最后，在一套新观念的支持下，他重新发掘了一些不被重视甚至被批判的历史人物，如李贽、方以智、朱之瑜、傅山、王夫之、唐甄、汪中等人的学术与思想，从而更进一步地彰显了明清之际思想的近代意义以及与同时期欧洲近代思想的同质性，以思想史的真实性阐明了中国社会走向近代社会的自我表达形式，显示了中国社会自明清之际到近、现代的内在逻辑的一贯性，有力地反驳了部分西方学者有关中国社会停滞论的观点。

从方法论的角度看，侯先生的明清思想研究主要从阶级关系的分析入手，运用马克思主义的一套历史学理论与方法来分析中国明清之际学术与思想的变化现象，揭示这一思想变化背后深刻的经济因素与社会动力之所在，虽也注意到思想史与学术史自身的独立性，但主要是一种以社会史说明思想史的方式来研究明清之际思想的变化、发展。这一学术范式的特点是：强调明清之际三百年思想对宋明理学既批判、又继承，而又以批判为主的思想特质，并将这一时期出现的新思想界定为中国的"早期启蒙思想"，继承并发展了梁启超、胡适等人的明清学术研究成果，将他们的"类似西方文艺复兴说"进一步发展成为"中国早期启蒙说"。

不可否认的是，由于侯先生使用的理论武器毕竟是产生于西方文化土壤中的马克思、列宁主义，在如何使得这一理论与中国社会的具体实际相结合的问题上仍然有很多工作要做。他虽处处力求注意中国传统社会及其自我转化的特点，却因为他使用的整个评价体系、概念、术语与中国社会的具体历史实情有一个相契合的过程，故而有时难免有生搬硬套的痕迹，如他运用"封建社会"来概述秦汉以后清代以前的中国社会历史，将中国社会的地主阶级制度与俄国的农奴制相比拟，都不甚妥当；而且，其明清思想研究对于中国思想史、哲学史内在特征的关注与分析都相当的不够，如他将列宁论俄国农奴制的具体结论直接运用到对中国历史的评价上面，对清代考据学的历史价值和戴震哲学的成就与高度的评价从整体上来看偏低。上述这些不足均有待于后来者从新的理论角度，运用翔实的史料予以修正。

二、将"启蒙"观念引入中国哲学史写作中的意义与局限性的反思

将"启蒙"观念引入中国哲学史的写作之中，是20世纪中国人学习西方现代文化，同时又寻找自己民族精神的独特性、保持民族精神的自主性这一复杂的文化心态的一种表现。反对者将这种哲学史的写作方式斥之为简单的比附，显然不能从学理上说服人。合理的态度应当是从现代文化的发生、发展、传播、接受的宏大历史进程来思考这一中国哲学史写作的微观问题。从现代中国学术发展史的角度看，将明清之际的新思想比之为西方近代文艺复兴思想，从梁启超、胡适就已经开始了。只是他们没有说中国有"早期启蒙思想"，也没有像后来的马克思主义学者侯外庐、萧萐父等人那样系统地整理、论述中国的早期启蒙思想及其发展的脉络。换一句时髦的话来说，梁、

胡二人未能对明清之际的新思想进行一个谱系学的研究，而侯、萧二人做了这样的思想谱系的整理工作。

将"启蒙"观念引入中国哲学史的写作之中，表面上看仅是一个学术事件，其实与现代中国追求中国特色的现代化的政治目标与民族的生存、发展使命是紧密结合在一起的。就侯外庐而言，他在思想史上要证明中国有自己的早期启蒙思想，着力回应的是亚当·斯密、黑格尔等人为代表的中国社会"停滞论"的观点，进而在学术上回答这样一个严肃而又沉重的历史问题：如果没有西方社会的入侵，中国能否自动地进入现代社会。按照侯先生"中国早期启蒙说"的思想逻辑来看，回答是肯定的。但是，中国进入现代社会的过程是曲折的，这就是侯先生提出的"难产说"。就萧萐父先生而言，他继承侯外庐的说法，当然也继承了侯氏的问题意识，但又有他自己的时代问题意识，那就是要在中西"启蒙"的具体历史任务的问题上作进一步的分析。他认为，西方"启蒙"的具体历史任务是反对"宗教异化"，而"中国早期启蒙思想"与中国现代社会启蒙的整个历史任务都是反对"伦理异化"。萧先生对儒家传统中"伦理异化"现象的形成有一段非常精辟的论述，今不惮其文字之长，引出以见其立论之辩证。他说：

> 儒家传统的礼教思想、伦理至上主义，有其重视道德自觉、强调教化作用、追求人际关系和谐等可取因素。但因其植根于我国奴隶制社会和封建制社会长期顽固保存的

宗法关系之中，一开始对理想人格的设计，就以客观化的等级名分制度和人际依附关系为基准，而使个体的主体性消融于其中；个体的存在和价值完全隶属于超个体的整体，只有事父事君，尽伦尽责，才可能获得个人存在的意义和价值。因此，一个人的道德自觉性愈高，愈是最大限度地尽到伦理义务，也就愈是自觉地否定自我，乃至扼杀个人的道德意识。同时，把人之所以为人的本质归结为道德活动，蔑视人的其他一切价值，人不必去追求成为独立的认识主体、审美主体、政治、经济、科技、生产活动的主体等等，而只需要成为纲常名教的工具。这种伦理至上主义，绝非人文精神，相反地，乃是一种维护伦理异化，抹杀人文意识的伦文主义。它不仅仅取消了人的主体性，尤其抹杀了人的个体性，把个体消解于异化了的群体人伦关系之中。只有冲破伦文主义的网罗，才可能唤起人文主义的觉醒。[1]

毋庸讳言，侯、萧二先生将现代西方"启蒙哲学"的观念引入中国哲学史的写作之中，也带来的新的理论难题与现实难题。

理论难题之一就是：现代性的启蒙思想运动是不是一种普遍的人类精神运动？如果是，那么人们就会进一步追问，为

---

[1] 萧萐父：《吹沙集》，第141页。

什么这种普遍性的人类精神运动首先发源于西方而不是其他地方？如果说世界其他地方也有这种普遍的人类精神运动，为什么没有发展出类似于现代西方的物质文明成就与精神文明形式（包括制度文明形式）？如果不是，那么引入现代西方启蒙观念来叙述晚明以后的中国思想史的新趋势，是否恰当？

理论难题之二就是：晚明以前的宋元明的理学思想，是否完全是一种负面的思想传统？为什么现代新儒家反而要从宋明儒的思想传统中开出现代中国的文化出路？这种完全相反的理论进路说明了什么样的学术与理论问题？

理论难题之三就是：能否用封建社会与资本主义社会的五阶段论来叙述中国历史的发展过程？晚明社会出现的重商主义社会现象是否可以称为"资本主义萌芽"？而晚明时期的新思想是否就直接与这种重商主义或曰资本主义萌芽有直接的内在联系？而后面的这一追问，其实又涉及根本的哲学问题，即人的思想是从哪里来的？

现实难题就是：中国的现代性思想启蒙运动的直接导源是西方的现代性思想，中国的现代思想（或曰观念）谱系[1]基本上是由现代西方的思想谱系架构出来的，很少看到晚明以来思想观念的影响。而当代中国所走的现代化道路既不同于西方的现代化道路，也很少提及晚明新思想对现、当代中国的影响。

---

[1] "像进步、竞争、创造、平等、民主、科学、自由观念，基本上都是翻译西方思想的结果。"参见高瑞泉：《中国现代精神传统——中国的现代性观念谱系》（增补本），上海古籍出版社，2005年。

　　上述这些问题虽然不是直接关系到"启蒙"观念的反思问题，但却与"启蒙"观念的理解与运用有直接的关系。比较哲学与比较文化视野里的"启蒙"观念的理解，不只是有关"启蒙"观念的哲学规定，也关系到"启蒙"观念在思想史、哲学史的写作中的运用问题。换句话说，对于"启蒙"理念理解的差异还会透过历史学的视野，在具体的思想史与经济史的写作中体现出"启蒙"理念理解的差异性。而此一层面上对"启蒙"理念理解的差异性更深刻地展示了"启蒙"观念在人文教育中被理解与被接受的具体情况。

第三节
萧萐父论真理与民主的关系
及其当代的启示意义

一

在中西哲学史和政治哲学思想史上，将真理与民主问题结合在一起讨论，似乎比较少见。但却有很多思想家直接或间接地讨论了政治与真理的关系问题。古典中国的道家学者老子、庄子，在讨论政治哲学的问题时，将良序政治与带有真理性之道结合起来，如老子说："侯王若能守之（代指道，引者注），万物将自宾。"（第三十二章）"侯王若能守之（代指"道"，引者注），万物将自化。"（第三十七章）庄子说："道之真以治身，其绪余以为国家，其土苴以治天下。"（《庄子·让王》）柏拉图在《理想国》（有译作《国家篇》）中亦曾讨论，如若将治理国家比拟为驾驭一艘大船，谁有资格担当此艘大船的船长？柏拉图的意见是，只有掌握了航海知识与驾船技术的人，才有资格担当此艘大船的船长。柏拉图的观点间接地涉及了政治治理技术与具有真理性的知识之间的关系问题。[1]现代政治哲学家、政治哲学史家列奥·施特劳斯在其《何谓政治哲学》（有译作《什么是政治哲学》）一书中讨论政治哲学的学科归属问题，以及关于政治哲学与政治思想的区别问题时，也涉及了政治哲学与真理的关系问题。他认为，政治哲学是"哲学的一个分支"，"政治哲学是用关于政治事物本性的知识取代关于政治事物本性的意见的尝试。"[2]"政治哲学是一种尝试，旨在真正了解事物的本性以及正当的或好的政治秩序。"[3]"因此，所有的政治哲学都是政治思想，但并非所有的政治思想都是政治哲学。政治思想对意见与知识的差别漠不关心；但政治哲学则有意识地、连贯并不懈努力用有关政治基本原则的知识取代有关政治基本原则的意见。"[4]而近现代西方一系列的政治哲学家，如洛克、霍布斯、孟德斯鸠、康德、黑格尔等，他们主要讨论了民主政治与个人权利和自由的关系，很少触及民主政治与认识论领域里真理之间的关系问题。而作为中国化的马克思主义学者萧萐父先生，在其六十余年的哲学探索生涯中，立足于中国社会问题与中国社会的现代化、民主化进程问题，以独特的文化自觉与追求民族哲学主体性的精神，相对独立地探讨过真理与民主的

---

[1] 参见王晓朝译：《柏拉图全集》（第二卷）《国家篇》，人民出版社，2003年，第293—293页。

[2] ［美］列奥·施特劳斯：《什么是政治哲学》，李世祥等译，华夏出版社，2019年，第3页。

[3] ［美］列奥·施特劳斯：《什么是政治哲学》，李世祥等译，第3页。

[4] ［美］列奥·施特劳斯：《什么是政治哲学》，李世祥等译，第3—4页。

关系问题。这为当前如何建构中国哲学的问题意识、话语体系提供了可资借鉴的思想经验。

翻开萧萐父先生的三本《吹沙集》，其中《吹沙集》（即一集）第一篇即是《真理与民主》一文。就该文的历史背景而言，是萧先生参与1978年关于真理标准大讨论的学术争鸣的思想产物，文集收录此文的写作时间标明是1978年11月。但该文非常突兀，在《吹沙集》（三卷本）中再难找到直接与之相适应的文章。研究萧先生思想的学者，也极少关注这篇文章的意义。目前，只有萧先生的早期学生之一李维武教授曾经写过一篇回顾性的文章，扼要阐述了此文的价值与意义。[1]近期，为了将自己以往研究萧先生的一些文章汇聚成一个集子，以之作为纪念萧先生百年诞辰的一个小小的礼物，我重新研读并思考这一问题。通过初步的阅读与思考，我发现，《吹沙集》中《黄宗羲的真理观片论》（1985）一文也与此主题有间接的关系。另外，《吹沙二集》中另一篇纪念毛泽东发表《新民主主义论》50周年的文章——《伟大的政治战略与文化战略——〈新民主主义论〉发表50周年》（1992），与此文涉及的主题也有相关性。下面就根据此三篇文章，对萧萐父先生有关"真理与民主"的关系问题作一扼要的论述，以之展现萧萐父先生在"明清早期启蒙说"之外的新的思想论域。

---

[1] 李维武：《萧萐父老师与1978年真理标准问题讨论》，吴根友主编：《哲学评论》第7辑，武汉大学出版社，2009年。

二

按照现代哲学的分科研究的习惯来看，真理与民主之间没有直接的关系，"真理是认识论的范畴，民主是社会历史的范畴，两者似乎没有必然的联系"[1]。但从马克思主义的认识论和历史唯物主义的观点来看，却又有着天然和内在的联系，因为"马克思主义认识论的第一的和基本的观点是实践观点"，"通过实践而发现真理，又通过实践的检验而证实真理和发展真理。"[2]而马克思主义所讲的实践，是"千百万群众的实践"，"马克思主义历史观的首要的和基本的前提是群众的观点，即彻底地承认以物质资料生产者为主体的人民群众是历史的创造者。"[3]因此，"坚持实践观点就必须坚持群众观点。这两个密不可分的基本观点正是马克思主义哲学大厦的基石，是马克思主义哲学区别于一切旧哲学的根本标志，也是共产党的全部纲领、路线、方针、政策的世界观基础"[4]。

经过中国化的马克思主义学者萧萐父的上述阐发，马克思主义的真理观与马克思主义的民主论具有了内在的、密不可分

---

[1]　萧萐父：《吹沙集》，第1页。
[2]　萧萐父：《吹沙集》，第1页。
[3]　萧萐父：《吹沙集》，第1页。
[4]　萧萐父：《吹沙集》，第2页。

的关系，而且也体现了中国共产党人所追求的民主理想，即它是以坚实的科学认识论为基础的，因而不可能是抽象的、脱离了具体的历史条件的民主。

揭示真理与民主之间的内在关系，就马克思主义哲学研究的本身而言亦有重要的思想启迪意义。过往的马克思主义哲学研究比较偏重于从实践的角度来讨论真理的获得与真理的评价标准等问题，没有把马克思主义的社会实践主体——人民的地位凸显出来，也很少有研究者将作为社会实践主体的人民与现代民主政治制度、现代民主意识结合起来；在批评资产阶级民主的虚伪性的时候，往往也仅是着眼于阶级分析与选举制度等技术性层面的内容，很少有人将资产阶级的民主意识和民主制度与其哲学的认识论结合起来。萧萐父先生则从马克思主义哲学发展史的角度，揭示了马克思主义哲学自身是如何处理真理与民主的关系问题的。他说：

> 马克思主义是历史地发展着的真理，是无产阶级革命的行动指南。马克思主义开始创立时，就把真理和民主，作为两个互相联系的最重要的研究课题。一八四五年，马克思、恩格斯共同完成了对青年黑格尔派的批判，出版了《神圣家族》，清算了鲍威尔等人的天才史观，在人类认识上第一次肯定了"历史活动是群众的事业"，确立了马克思主义的群众观点，即人民群众是历史的创造者和无产阶

级能够而且必须自己解放自己的根本观点。[1]

而与此同年，马克思完成对黑格尔与费尔巴哈的批判，并认真剥取了黑格尔和费尔巴哈哲学中"把实践作为认识的一个环节的真理颗粒，在人类认识史上第一次科学地规定了实践是变革现实的物质活动，确立了马克思主义的实践观点，即人类认识的来源和检验真理的标准都只能是社会实践的根本观点"[2]。

通过对马克思主义哲学发展历史的回顾，将马克思主义哲学中内蕴着的真理与实践密切相关的思想清晰地揭示出来。他说：

> 马克思主义的哲学世界观在群众斗争的实践中不断丰富发展。在这一过程中，每当革命进入新阶段，需要总结实践经验，克服错误思潮时，革命导师总是一再提出实践标准问题，指出：对一切哲学怪论"最有力的驳斥就是实践"；同时，革命导师又总是一再强调"群众的历史主动性"，而痛斥把个别人神圣化的天才史观或英雄史观。[3]

除了从马克思主义创始人那里寻找真理与民主关系的思想

---

[1] 萧萐父：《吹沙集》，第5页。
[2] 萧萐父：《吹沙集》，第5页。
[3] 萧萐父：《吹沙集》，第6页。

起源，萧先生还进一步思考了中国化的马克思主义代表人物毛泽东对此问题的新论述。他认为，毛泽东在其早年的哲学著作《实践论》中，不仅深刻地阐明了实践在认识的动力、来源方面的作用，以及实践是认识"继续深化的基础"，是"检验真理的唯一标准"等问题，更强调了"只有通过实践，才能发现真理、证实真理；强调了理论和实践的具体的历史的统一，改造客观世界与改造主观世界的统一"。[1]因此，毛泽东才能"把马克思主义的历史观和认识论紧密地结合，深刻地阐明了实践观点和群众观点的统一，只有充分发扬民主，坚持党的基本路线，才能保证发现真理、证实真理和发展真理的认识路线得到实现。这就把真理和民主两个课题内在结合起来，作了深刻的说明"[2]。他特别重视毛泽东在《新民主主义论》一文中对真理与民主关系的阐述，说道：

> 在《新民主主义论》中，毛泽东深刻阐述了真理和民主的关系，语重心长地指出："真理只有一个；而究竟谁发现了真理，不依靠主观的夸张，而依靠客观的实践。只有千百万人民的革命实践，才是检验真理的尺度。"实践不是抽象的个人活动，而是千百万人民的革命实践。人民群众既是实践的主体，也就是认识的主体，真理的认识在实

---

[1] 萧萐父：《吹沙集》，第6页。

[2] 萧萐父：《吹沙集》，第6页。

践着的群众之中，要学到知识，找到真理，必须到群众中
去，向群众学习。[1]

萧先生还进一步考察了毛泽东在《关于领导方法的若干问
题》一文中对真理与民主关系的新论述。他认为，毛泽东在此
文中阐述的"从群众中来，到群众中去"的方法，"是发现和
检验真理的必由之路。所以坚持真理和发扬民主，坚持真理的
实践标准和实行群众路线是互相联系，密不可分的。这里所阐
明的关于理论对实践的依赖关系，领导对群众的从属关系，先
当学生后当先生的关系，先有民主后有集中的关系，等等，不
仅极大地丰富了马克思主义的理论，并且使马克思主义的真理
观和民主观更加紧密地结合起来。"[2]

最后，萧先生将真理与民主的关系的新认识放在马克思主
义和中国马克思主义实践的观点和人民群众的立场之上，让本
来属于认识论与社会历史范畴的两个看起来不甚相关的问题，
以非常严整而又富有说服力的理论形式统一了起来，不仅是当
年中国社会关于真理标准问题大讨论的理论争鸣中的一家之
言，而且对于当代中国哲学的新开展，特别是对于当代中国政
府提出的"中国式现代化"的社会发展新目标来说，无疑具有
极强的理论启发意义。就真理与民主的关系而言，萧先生分成

[1] 萧萐父：《吹沙集》，第6—7页。
[2] 萧萐父：《吹沙集》，第7页。

两个层次来论述，第一层，只有坚持真理，才能确认人民群众
对于真理的发言权：

> 马克思主义的真理观和民主观在理论上和实践上都是
> 密切联系在一起的。只有坚持真理的标准，才可能确认群
> 众对真理最有发言权，因而才会自觉地实行群众路线，发
> 扬人民民主，倾听群众的呼声，集中群众的意见，把自己
> 对真理的认识放到群众中接受检验，在群众监督之下坚持
> 真理，修正错误。[1]

第二层，只有坚持民主集中制的原则，才有可能把检验真
理的标准落实到社会实践之中：

> 只有坚持民主集中制，发扬人民民主，深入群众，深
> 入实际，调查研究，拜群众为师，才可能把检验真理的标
> 准只能是社会实践的这个理论真正落实到行动，在实践中
> 解决认识路线问题。[2]

相反，如果不坚持民主集中制的原则，认为领导比群众高
明，甚至迷信权力，大搞长官意志，不走群众路线，"就不可

---

[1] 萧萐父：《吹沙集》，第8页。
[2] 萧萐父：《吹沙集》，第8页。

能坚持实践标准和实事求是的原则，不可能取得客观真理的认识"[1]。

在当代中国哲学认识方面，冯契先生曾经特别重视道德之真诚之于真理之获得的意义，即重视人的情感、欲望、意愿等精神力量之间的相互联系。他说：

> 理论理性（理智）不是"干燥的光"，它与情意互相促进，使理论认识取得理想形态而为行动的动力和鼓舞人的力量。理性认识符合人们的利益，合乎人性的发展，它便不是光溜溜的"真"，而且同时是好的、美的，于是"真"成为价值范畴。[2]

作为冯契先生的学术同道，且与其私谊甚深的萧萐父先生，则十分关注民主集中制、群众路线之于真理之发现的意义。二人所关注的侧重点虽有不同，但似乎都不约而同地注意到，人类的理性认识并不是"干燥的光"，要获得认识方面的真理，特别是社会生活中的真理，"纯粹理性"似乎是不够的。一是需要广大人民群众的参与，发扬社会主义的民主；二是要重视人的情感与意愿，让真理与人民大众的切身利益和真切的感受结合起来。

---

[1] 萧萐父：《吹沙集》，第8页。

[2] 冯契：《人的自由和真善美》，《冯契文集》（第三卷），华东师范大学出版社，2016年，第131页。

三

从目前已经出版的三卷本《吹沙集》来看,有关真理与民主的关系问题,萧先生后来并没有继续就此问题展开更多讨论。但《吹沙集》中收录的《黄宗羲的真理观片论》(1985)一文,可以看作是对真理与民主关系讨论的继续。这种继续不是表现在理论的系统性与邃密化方面,而是通过学术史问题的研究来探求"真理"与多元学术史观的关系,即通过"学术民主"的形式来体现真理与民主的关系。

在萧先生看来,正因为黄宗羲在政治上敢于否定"以天子之是非为是非","所以能够在学术上提倡'殊途百虑'的真理史观,尊重'一偏之见'、乐闻'相反之论',坚决反对'执成定局'、'好恶同异''必出于一途'的传统的僵化思维模式"。[1]通过对《明儒学案·序》文的分析与解读,揭示出黄宗羲在真理观方面所具有的两个方面的新认识:其一是将真理看作是一个认识的过程;其二是通过对"心之万殊"的揭示与肯认,特别是对诸子学中有真理之部分的肯认,揭示出真理的多元性。

萧先生认为,黄宗羲在《明儒学案·序》中提出的"心无本体,工夫所至,即其本体"的思想,"表明真理的被认识是

---

[1] 萧萐父:《吹沙集》,第316页。

一个过程"。[1]这个过程可以从两个方面来加以观察，其一，就个体而言：

"精神胚胎学"的发育有一个过程，"诸先生学不一途，师门宗旨，或析之为数家；终身学术，每久之而一变。"[2]

其二，就人类的认识史而言，颇有类似于"精神古生物学"的复杂性，而展开为一个复杂的历史过程。这个过程，正如黄宗羲自叙所说的那样：

> 羲为《明儒学案》，上下诸先生，深浅各得，醇疵互见，要皆功力所至，竭其心之万殊而后成家，未尝以懵懂精神冒人糟粕。于是为之分源别派，使其宗旨历然。由是而之焉，固圣人之耳目也。[3]

对于上述黄宗羲所说的内容，萧先生这样进一步解释道："换言之，真理（'本体'、'道体'）之被发现，随学者们不同角度、不同层面的'工夫（功力）所至'而展开为一个过程。"[4]而这个过程，通过中国学术史表现出来，就是黄宗羲所说的："圣贤之血路，散殊于百家。"虽然，就黄宗羲来说，"古今诸子百家，言人人殊，亦必依傍圣门之一知半解而后成其

---

[1] 萧萐父：《吹沙集》，第322页。
[2] 萧萐父：《吹沙集》，第322页。
[3] 萧萐父：《吹沙集》，第323页。
[4] 萧萐父：《吹沙集》，第324页。

说，何曾出此范围"。[1]但黄宗羲"毕竟承认了'古今诸子'也是真理之分"[2]。

不仅如此，黄宗羲还"以这种真理多元化的观点为指导，进而放眼于更广阔的学术原野，认为除了'散殊于百家'的哲学理论以外，文化思想各个领域里的创造性成果，都寄寓着反映时代脉搏的'豪杰精神'"[3]。如黄宗羲本人说："从来豪杰精神，不能无所寓。老、庄之道德，申、韩之刑名，左、迁之史，郑、服之经，韩、欧之文，李、杜之诗，下至师旷之音声，郭守敬之律历，王实甫、关汉卿之院本，皆其一生精神之所寓也。苟不得其所寓，则若龙挐虎跛，壮士囚缚，拥勇[涌]郁遏，坌愤激讦，溢而四出，天地为之动色，而况于其他乎？"（《靳熊封诗序》，《南雷文定》后集卷一）[4]对于黄宗羲这段名文，萧先生从多元真理观的角度予以再阐发，说道：

> 这段名文，以高度浓缩的信息表达了他的中国文化史观（或微型的"精神现象学"）。这时例举的哲学、政治、史学、经学、科学、散文、诗歌、以及音乐、戏剧等九个方面，代表了文化意识形态的诸方面，说明作为文化精英的不朽的精神创造，是通过多样化的文化形式表现出来。

---

[1] 萧萐父：《吹沙集》，第328页。
[2] 萧萐父：《吹沙集》，第328页。
[3] 萧萐父：《吹沙集》，第329—330页。
[4] 萧萐父：《吹沙集》，第330页。

宛如龙腾虎跃，冲破"囚缚"，惊涛激浪，汹涌而出，决不可能使其拘守某一种规格……文化创造，精神生产，如果强使一律，只许唱一个调子，就只能制造出大量的虚伪，庸俗和肤浅。[1]

这就表明，真理的多元性还体现在不同的精神现象之中，而不只是以哲学的、政治的方式表达出来。这是萧先生通过学术史的研究深化了人们对于多元真理的认识，即真理的表达形式也可以是多元的。

四

1990年，萧先生写了一篇纪念《新民主主义论》发表50周年的纪念性文章，该文虽然没有直接讨论真理与民主的问题，但间接触及了这一问题，即通过阐发毛泽东《新民主主义论》对于中国社会走什么样的路的真理性认识之揭示，肯定了中国共产党人走适合自己民族的新民主主义的政治道路的历史选择。因此，这篇纪念文章似乎可以看作是在"实践理性"的意义上讨论了真理与民主的关系。

文章在开头的部分，高度肯定了《新民主主义论》所具有的科学真理性，说道：

---

[1] 萧萐父：《吹沙集》，第330页。

今天，我们正开始社会主义现代化建设的新长征，却又面临着国际上的风云变幻的新形势和国内通过改革开放以巩固社会主义制度的艰巨任务。尽管时移势易，但是《新民主主义论》一书，并没有失去它的理论的价值，而且经过千百万群众历史实践的检验和正反两方面历史经验的证明，更加显示出它的科学真理光芒，它不仅具有划时代的历史意义，而且具有不可忽视的现实意义。[1]

作为那段历史的亲身经历者，萧先生本人对于《新民主主义论》发表时的社会情况，以及发表后的社会影响力，都有直接的认知。他一方面回忆了该文发表时的震撼力：

当时，初读《新民主主义论》的人，大都注意到，正当"中国向何处去，又成为问题"的关键时刻，这书却以所向披靡的革命激情，大声宣告："封建主义的思想体系和社会制度，是进了历史博物馆的东西了。资本主义的思想体系和社会制度，已有一部分进了博物馆……；其余部分，也已'日薄西山，气息奄奄，人命危浅，朝不虑夕'，快进博物馆了。惟独共产主义的思想体系和社会制度，正以排山倒海之势，雷霆万钧之力，磅礴于世界，而葆其美

---

[1] 萧萐父：《吹沙二集》，第414页。

妙之青春。"这声音在当时具有多么大的震撼力！[1]

另一方面，萧先生还从理论上分析了《新民主主义论》所具有的理论逻辑力量和周密论证，即该文以理论的方式所展现的真理性。他说：

> 《新民主主义论》之所以能震撼人心并征服人心，根本上还在于其理论的逻辑力量和论证的系统周密，在于书中针对国内外各种思潮，进行了马克思主义的理论与实际相结合、历史与逻辑相统一的分析，有破有立，令人信服；尤其对广大人民心中真正的疑问和长期的论争，不回避，不含糊，作出了空前明朗的回答和结论。[2]

比如说，当时的学生有崇拜美国式的民主，有醉心于苏联的平等，也有鼓吹各种各样的"第三条道路"，"正是在这一片莫衷一是的纷纭议论中，《新民主主义论》的发表，起到了破雾燃犀的思想廓清作用"。[3]

萧先生对毛泽东的《新民主主义论》给予了极高的理论评价，说道：

---

[1] 萧萐父：《吹沙二集》，第 415 页。
[2] 萧萐父：《吹沙二集》，第 415 页。
[3] 萧萐父：《吹沙二集》，第 416 页。

新民主主义思想的形成和《新民主主义论》的发表，可以说是自1930年发表了《反对本本主义》、走上创造性的马克思主义道路以来，经过十年理论准备，尤其是哲学方面的理论准备（1937年发表了《矛盾论》和《实践论》），所得到的马克思主义理论中国化的最伟大的成果之一，是毛泽东思想体系最终形成的标志。它为中国人民提供的是建立一个新中国的伟大政治战略和文化战略及其理论基础。[1]

对于《新民主主义论》在理论上所取得的成就及其与改革开放以来中国特色社会主义理论的内在关系，萧先生从三个方面予以简要的评价，具体论述如下。

其一，找到了一条中国式的民主主义的道路。"就政治战略而言，——它（代指《新民主主义论》，引者注）提供了系统完备的新民主主义理论。它基于对旧中国社会经济结构和阶级关系的深刻分析，基于对不断革命论和革命发展论的灵活运用，制定了新民主主义革命和新民主主义共和国的政治纲领，找到了一条中国式的特殊的新式的民主主义的道。"[2]这条道路，既与旧民主主义相联系，特别是与孙中山新三民主义相联系，又与英国、美国式的旧民主相区别；与社会主义是相联系的，

---

[1] 萧萐父：《吹沙二集》，第416页。
[2] 萧萐父：《吹沙二集》，第416页。

但又不同于苏联式的社会主义，同时也不同于印度式或基马尔式的道路。也就是说，在诸多相联系又相区别的社会形态中，确立了中国式的现代的新民主主义的道路。

其二，就马克思主义的政治哲学理论来看，新民主主义理论对于马克思主义哲学也是一种创造性的发展。萧先生这样说："从当时对中国式的革命道路的选择和对马克思主义理论的创造性发展的角度看，毛泽东的新民主主义理论，比马克思晚年对于东方革命的特殊道路的思考（见马克思晚年人类学笔记、《给维·伊·查苏利奇的信稿》等），比列宁晚年通过新经济政策向社会主义迂回过渡的道路探索（包括布哈林的经济理论），都更完整，更明确，更具有中国人民的辩证智慧。"[1]

其三，与中国共产党第十一届三中全会以来提出的"社会主义初级阶段"的理论和"一个中心、两个基本点"的总路线相接轨。萧先生说："十分显然，'社会主义初级阶段'理论的提出与论证，同《新民主主义论》的战略思想是具有历史衔接性的；而具有中国特色的社会主义现代化建设道路的设计，更是马克思主义的科学社会主义理论在进一步中国化中取得的重大发展。"[2]

对于《新民主主义论》在文化方面所取得的成就，萧先生也从三个方面给予了仔细的分析、充分的肯定，其中第二条高

---

[1] 萧萐父：《吹沙二集》，第417页。
[2] 萧萐父：《吹沙二集》，第418页。

度肯定《新民主主义论》批判吸收外来文化，将马克思主义中国化，以确立文化方面的民族主体性的价值，这也与当前中央强调的两个结合的要求高度吻合。萧先生认为，《新民主主义论》在有关批判地吸收西方文化和将马克思主义中国化这两方面，都有明确的主体性意义，即"都以提高民族自信心，树立民族文化的主体性为前提。所谓民族文化的主体性，即指民族文化绵延发展中形成的独立自主意识，是一个民族能够涵化外来文化、更新传统文化的能动的创造精神。只有确立了这样的主体性，才能有选择地引进和消化外来文化而实现'古为今用'的目的"[1]。因此，在哲学学科的中国化，在马克思主义哲学的中国化过程中，中国哲学都应当从毛泽东当年对中国化的民主化道路的思考与选择中，吸取宝贵的思想经验，进而对当前中国政府提出的"中国式现代化"在理论上、学术上做出更为系统性的研究与思考。

五

2024年，是萧萐父先生百年诞辰。作为经历了20世纪苦难中国、又亲身参加了中国革命活动的老一辈马克思主义学者，萧先生在自己比较坎坷、曲折的一生中，始终保持着对马克思主义的坚定信念，对中国文化的热爱与信心，在理论上始

---

[1]　萧萐父：《吹沙二集》，第422页。

终不渝地探索着马克思主义中国化。其晚年对于"明清早期启蒙思想"论说依然保持着理论的坚持，他说：

> 坚持早期启蒙说，是为了从16世纪以来我国曲折发展的历史中去寻找传统文化与现代化的历史接合点，寻找我国传统文化的现代转化的起点。如实地把早期启蒙思潮看作我国自己文化走向现代文明的源头活水，看作中国文化自我更新的必经历程，这样我国的现代化发展才有它自己的历史根芽，才是内发原生性的而不是外铄他生的；如果不是这样如实地看待和尊重这段文化自我更新的历史事实，而把中国文化看作一个僵化的固定不变的"体"，我们势必又会陷入"被现代化"、"被西化"的体、用割裂的处境。正视并自觉到明清之际崛起的早期启蒙思想是传统文化中现代化价值的生长点、是正在成为我们中国文化自我更新之体。这样，我们才可能自豪地看到近代先进的中国人既勇于接受西学、又自觉地向着明清之际的早期启蒙思想认同的形象是多么光彩和大气；"外之不后于世界之潮流，内之弗失固有之血脉"是多么强的文化自信。[1]

同时，萧先生对于鲁迅先生在《文化偏至论》一文中"立人国"的文化理想与政治理想，也保持着高度的敬意。在《文

---

[1] 萧萐父：《吹沙三集·自序》，第1—2页。

化反思答客问》一文的最后，萧先生颇富诗情的引证了鲁迅的一段话：

> 鲁迅早在《文化偏至论》中有段话，讲得很有深意，他说："夫安弱守雌，笃于旧习，固无以争存于天下。第所以匡救之者，缪而失正，则虽日易故常，哭泣叫号之不已，于忧患又何补矣？此所为明哲之士，必洞达世界之大势，权衡校量，去其偏颇，得其神明，施之国中，翕合无间。外之不后于世界之思潮，内之仍弗失固有之血脉，取今复古，别立新宗，人生意义，致之深邃，则国人之自觉至，个性张，沙聚之邦，由是转为人国。人国既建，乃始雄厉无前，屹然独见于天下，更何有于肤浅凡庸之事物哉！？"我想，我们正在建设具有中国特色的社会主义现代化的理想"人国"。如果你也欣赏鲁迅这段话，让我们以此共勉吧！[1]

重思萧先生有关真理与民主关系的思考，对于当前建设"中国式现代化"，亦具有重要的思想启迪意义。

---

[1] 萧萐父：《吹沙集》，第77页。

第三章　萧萐父的诸子学与比较哲学思想

第一节
敢于参与世界范围的百家争鸣
——萧萐父的诸子学[1]思想

    记得萧先生晚年在多种场合都拒绝别人以"国学大师"的称号来称他。这其中的原由还有待仔细探讨。但有一点是可以肯定的，萧先生对中国传统四部之学皆有自己的独特心得。现已经出版的《吹沙集》（三卷本），可以为证。仅就经学的研究而言，萧先生对《周易》与易学可谓是别有会心，他提出的"人文易"观念，以及"人文易与民族魂"的关系问题，可谓是当代易学研究中非常值得深入开掘的思想观念与学术问题。而在史学方面，他虽然未对任何一部具体的史学著作

---

[1] "子学"，此处并不局限于"先秦诸子"，而是指包括先秦诸子在内，在汉以后"经学"之外的百家思想。刘勰"博明万事为子"的"子学"定义，大体上可以作为本节所讲的"子学"概念的内涵。而从外延来讲，"子学"是包含了先秦诸子与汉代以后的诸子，大体以《四库全书总目》中所收录的子部著作为其外延。在今天，有人提出"新子学"（方勇）的概念。我想，这也可以促进我们认真研究"子学"的内涵与外延，也要研究当代子学思想。有鉴于此，本节对萧萐父先生的子学思想作一初步的探索，也可以看作是对当代子学研究的一个有机组成部分。

发表过研究论文，但他所写的《古史祛疑》、《历史科学与历史感情》（演讲稿）、《历史科学的对象——冯友兰先生史学思想的商兑之一》、《古史研究与马克思主义理论的拓展——马克思、恩格斯对人类学研究的方法论启示》一系列史学与史学理论论文，以及一系列有关中国哲学史的理论与方法问题的论文，均体现了萧先生在新史学方面的学术成就。集部之类的研究文章也很少见（早年有《原美》篇，晚年有《序方任安著〈诗评中国哲学史〉》），但萧先生的诗歌创作本身就体现了他在集部与文学方面的深厚涵养，非一般研究集部类的学人所能企及。而现行的《吹沙集》（三卷本），最能体现萧先生在中国传统学术方面的成就，其中用力最多的，也还是子学。

笔者认为，当代中国哲学研究与诸子学研究，正可以从萧先生的子学思想中吸取思想的启示，活化熊十力先生"以平等心究观百家"的学术平等精神，平视西方哲学各流派的思想，并要有批判的眼光对待西方哲学中的诸观点与方法，做到为我所用，而不是亦步亦趋。

平实地讲，萧先生对子学有精深的研究，然未必有明确的子学思想。本节仅想通过萧先生子学研究的具体成就，结合他晚年一再谈到的"文化包容意识"，多维互动、杂以成纯的诸观念，对其诸子学思想作一初步的探索，以求正于学界同仁。

一、中国文化的多源发生与多元并进

要理解萧先生的诸子学思想，首先当理解他对中国文化发生与发展的观点。萧先生认为，中国文化是多源头发生的，这就从发生学的角度揭示了中国文化的发展也将是多元并进的。在《古史祛疑》一文中，他一方面批评西方学者、苏联学者关于中国人种、文化西来说的观点，另一方面他扬弃近百年来的疑古与泥古思想，走向科学的"释古"，以期对中华文化与中华民族的发展历程作出比较符合科学的、考古学的描述与说明。通过对上古文化的研究，萧先生得出了一个基本的结论，即史前的中国文化大体上可以分为三大文化区："海岱文化区""河洛文化区""江汉文化区"，而这些文化区，"大约在距今七千年——五千年都已经确立了父权制，产生了私有制，走到了阶级社会的门"。[1]而这三大文化区，大体上经历了三个时期：炎帝、黄帝、少昊时期，颛顼到尧、舜、禹时期，夏王朝建立的时期。因此，统一的夏王朝其实是经过漫长的多元文化区的历史融合而形成的。

对于春秋战国以后中国文化多元并进的客观历史进程的描述与论述，比较集中地体现于他的两篇代表作——《传

---

[1]　萧萐父：《吹沙集》，第120页。

统·儒家·伦理异化》《道家·隐者·思想异端》之中。前一篇文章主要从传统的多元并进的角度，揭示传统文化并非铁板一块，更不是儒家文化一家独大。儒家文化仅是传统文化的一环。而且，更进一步地说，儒家文化内部也不是铁板一块，而是多元并进的。他极力反对儒家内部的"道统"说，对儒家夙以善"杂"见称的历史文化现象情有独钟。仅就先秦儒家而言，《荀子·法行》篇讲："夫子之门，何其杂也！"《韩非子·显学》则指出了"儒分为八"的现象："有子张之儒，有子思之儒，有颜氏之儒，有孟氏之儒，有漆雕氏之儒，有仲良氏之儒，有孙氏之儒，有乐正氏之儒。"至于汉代的儒家也非一统，经分今、古文，而即使是今文经学内部也有分歧，如"三家诗义"与"公羊春秋"在政治主张上就是对立的，而且学术争论还导致政治诛杀。[1]

宋元明清以后，首先是儒、释、道三教分立，各成一系。而儒家内部更是学派林立，从未有过一统局面。就儒家文化的传统而言，大体上可以分为"儒经的传统""儒行的传统""儒学的传统""儒治的传统"。而这四个侧面的传统，也都是学派林立，异中有同而自成体系，并不是纯而又纯的一家一派之学。

后一篇文章则主要从道家思想与中国传统文化中儒家、法

---

[1] 萧萐父：《吹沙集》，第134页。

家的分与合、合与分的复杂过程，以及儒道互补对中国传统文化的贡献等角度，揭示了中国传统思想与文化相互影响、多元并进的历史进程，显示了中国传统思想、文化的内在活力与诸多面向。

在该文中，萧先生首先揭示了"道、法由相分而分驰"、"儒法由相乖而合流"、"儒、道由相黜而互补"的复杂历史现象，接着着重论述了作为中国思想传统"异端"的道家文化，如何抗议"伦理异化"，对中国文化的自我更新与发展所作出的异于儒家文化的贡献。下面一段文献的引文稍长，但基本上能比较完整地反映萧先生对道家文化传统的正面价值评判。他说：

> 在中国，自秦汉统一，汉承秦制，儒术渐尊，儒法合流，形成了封建法统与学统的正宗以后，道家思想以其被罢黜、受排斥的现实遭遇，更以其固执天道自然、抗议伦理异化的理论趋向，便一直被视为思想异端。秦皇、汉武的雄才大略，百年之中以思想罪兴两次大狱，一诛吕不韦集团，一诛刘安集团，株连镇压大批优秀学者，尤其道家（如"淮南八公"等）遭到严酷打击。但道家并未因此而掩[偃]旗息鼓，相反地，历代道家学者仍然以与封建正宗相对立的异端身份，倔强地从事于学术、文化的创造和批判，不断地取得许多重要成果，尤其在发展科学、文艺和哲学思辨方面作出了超迈儒家的独特贡献，从而形成了我

国历史上别树一帜的道家文化传统。^[1]

作为与正统的儒家思想相对立的道家思想，在17世纪的早期启蒙思潮中也发挥了作用，其中最为典型的人物便是傅山。傅山旗帜鲜明地批评"奴儒"，明确地宣称自己是一个道家之徒："老夫学《庄》、《列》者也，于此间诸仁义事，实羞道之。即强言之，亦不工！"^[2]对于傅山这位早期启蒙思想家，萧先生给予了高度肯定，认为他是"继承道家传统的思想异端，挣脱封建囚缚而转化为早期启蒙者的典型人物"^[3]。不仅如此，萧先生在《傅山三百周年祭》的文章中，别出心裁，用组诗（共十四首）来纪念傅山的人品与学术，将傅山放在明清之际早期启蒙思潮历史交响乐之中加以评价："船山青竹郁苍苍，更有方、颜、顾、李、黄。历史乐章凭合奏，见林见树费商量。"^[4]

二、重视非正统与"异端"思想家的研究

在萧先生的子学研究中，特别重视对非正统思想及思想家的研究。上文所说的对道家思想的研究，是其中的突出表现之

---

[1] 萧萐父：《吹沙集》，第162页。
[2] 萧萐父：《吹沙集》，第162页。
[3] 萧萐父：《吹沙集》，第166页。
[4] 萧萐父：《吹沙集》，第312页。

一。除此之外，萧先生还对早期阴阳家思想，魏晋时代的杨泉、鲁褒、何承天，禅宗中的慧能学派，唐代思想家柳宗元、刘禹锡等作了研究。一般思想史上基本不讲杨泉（三国、西晋时人），但在萧先生的哲学史著作中却讲到了他，而且还给予了高度的评价，认为他是该时期"与玄学思潮相比较而存在的另一种思潮的一个优秀代表，是当时哲学上两条路线相斗争而发展的一个环节，乃至一个重要环节"[1]。

鲁褒则是西晋的隐逸之士，其所作的《钱神论》，深刻揭露了当时统治阶层口谈玄理、而心在多钱的虚伪本质。何承天则是晋末到刘宋时代的一位科学家，祖冲之继承了他的科研成果，确定了岁差推算和回归年、交月点等天文数据。这些古代的科学家兼思想家的人物，在萧先生的著作与文章中，也得到了关注。

在佛教中国化的过程中，逐渐形成了中国佛教。而最能体现中国佛教中异端思想及流派的当数慧能创立的禅宗及其后来法脉。萧先生对弘忍、慧能、石头希迁均有文章论及。早年写的《禅宗慧能学派》（1962）一文带有很强烈的时代印痕，即站在唯物主义立场批判唯心主义哲学，将慧能学派看作是宗教唯心主义的一种理论代表。但即使如此，萧先生仍然高度肯定了慧能学派在中国哲学史发展环节中的重要作用，尤其是肯定了慧能所代表的禅宗学派的思想对于后来"不少

---

[1]　萧萐父：《吹沙集》，第233页。

的进步思想家"起到了正面、积极的作用。[1]晚年在两次禅宗会议上的发言稿，更多的是肯定新禅宗对于中国思想界发展的积极作用。在《略论弘忍与"东山法门"》的讲话中，高度肯定了中国禅宗开创者的独立开拓精神。这种精神可以概括为三个方面：一是勇于破旧立新的改革精神，二是善于取精用宏的创造精神，三是敢于广开法门的宽容精神。而这三种精神，则"属于传统文化中至今仍具有活力的文化基因"[2]。在《石头希迁禅风浅绎》一文中，对石头希迁在中国南禅史上的重要地位及其对整个禅学理论的影响，都给予了高度的评价。他认为，"石头希迁始终循着中国化佛教的致思途径去推进禅学的发展。他从理论上契入佛慧，首先是从中国化的佛教哲学精品《肇论》得到启发"[3]。而且，由于"石头禅强调'唯达佛之知见'，重视理性思维，坚持禅宗既'不立文字'，又'不离文字'的传统，善于把遮诠和表诠巧妙地结合起来"[4]。尤其是在石头禅学影响下的曹洞宗风，提出了"权立五位""正偏""明暗"等的辩证联合，正可以为灵动地解决"有语"与"无语"、"知识"与"智慧"、"认知"与"体知"的关系问题，提供一种有价值的哲学启迪，进而对近代以来西方哲学中科学主义与人文主义、实证主义与非理性主义

---

[1] 萧萐父：《吹沙集》，第281页。
[2] 萧萐父：《吹沙二集》，第302页。
[3] 萧萐父：《吹沙二集》，第308页。
[4] 萧萐父：《吹沙二集》，第309页。

的长期对立、无法会通的哲学现象，提供一种新的哲学致思思路。[1]

在对非正统与异端思想家的高度关注方面，当然是他在对明清之际诸多反理学思想家的高度肯定与赞扬方面。他对黄宗羲、傅山、王夫之等明清之际早期启蒙思想家的高度肯定与赞扬，最能体现他子学思想鲜明的倾向性，而他对王夫之哲学思想的系统阐发，对王夫之人格美的高度赞扬，在相当程度上表达了萧先生自己的学术理想与人格理想。他对王夫之哲学的深入研究与阐发，已经成为20世纪中国学术界，乃至国际明清学术领域一个无法绕过的"典范"，亦可以视为他在子学研究方面所树立的一种新典范。

三、"文化包容意识"与"杂以成纯"的文化理想

与重视子学思想具有内在精神联系的是，晚年的萧萐父特别重视"文化包容意识"与"杂以成纯"的文化理想。子学思想极其丰富，很少有"正统"之说，也很难建立所谓的"正统"。无论是从子学的内涵还是外延来看，"子学"本身就是文化、思想多元的一种隐喻。子学研究本身就需要一种文化的包容意识。

---

[1]　萧萐父：《吹沙二集》，第311页。

集中体现萧先生"文化包容意识"观念的是在其对"文化中国"观念予以阐述的一文[1]里。在该文中，萧先生通过对中国传统文化的"合"与"分"的历史分析，揭示了中国传统文化多元发生、多维互动、多途发展的实际进程。学界习惯将程朱理学、陆王心学看作宋学的主流。萧先生不太认同这一习惯性的看法，而是给我们揭示了宋学多元化的实际状态："实际上，北宋新儒学一产生，就有范仲淹等凸显'易庸之学'，王安石父子又独创'荆州新学'，周敦颐创'濂学'，张载创'关学'，司马光创'朔学'，二程创'洛学'，三苏创'蜀学'，他们之间的各种观点，复杂对立；到南宋，既有朱熹、陆九渊、吕祖谦之间的激烈论争，又有陈亮、叶适别倡经世事功之学；郑樵、马端临更首辟文化史研究新风，一反'欺天欺人'的心性空谈，而独步当时。"[2]

上述这一段引文稍嫌有点长，但从这一相对完整的学术史叙述与分析之中可以看到，萧先生将两宋学术内在的复杂性、多维关系及其多途发展的实情揭示出来了，展示了后期中国社会诸子百家争鸣的实际样态。这比学术界惯用的"宋明理学"概念更能准确地揭示两宋学术的实际情况。

萧先生的"文化包容意识"还涉及对世界上其他各民族文化的吸收，这里既包含对散居世界各地的华人的思想、文化的

---

[1] 该文的题目是：《中国传统文化的"分""合""一""多"与文化包容意识》，《吹沙二集》，第3—11页。

[2] 萧萐父：《吹沙二集》，第5页。

吸收，也包含着对其他民族思想、文化的吸收。如他对"文化中国"的范畴这样解释道："'文化中国'这一范畴，既涵摄世界华人文化这一综合性概念在内，又包容了世界各国学者、作者和友好人士对中华文化日益扩大和深化的多种研究成果，这就使其内涵广阔而生动，富有而日新。"[1]

很显然，萧先生对"文化中国"范畴的解释，恰恰是对世界范围的诸子百家当中对于中国文化有特殊兴趣与研究的那部分学人的贞定。此一贞定，恰恰将传统"子学"的外延拓展到当今的世界诸子学范围，是"子学"在当代的新展开。

仅就中国文化的发展趋势而言，萧先生虽然赞同百家争鸣，并且要参与到世界范围内百家争鸣的行列当中，但他对中国文化的发展方向及其前景的预测，不同于《庄子·天下》篇所悲叹的"百家往而不返"的结局，而是趋向于"同"。只是这种"同"是以"异"为基础的"同"。如王船山所说，"杂统于纯"，"异以贞同"，而当中国文化在过去经历了一段必要的分殊发展之后，"在未来必将进入一个兼综并育的整合期"[2]。而这一"兼综并育"的新文化，即是在中西、古今的交汇中形成中国传统文化的现代性转化。这时的中国文化将是一个"矛盾、杂多的统一"的"和"的文化状态[3]，而不是单向度的纯之又纯的新文化。

---

[1]　萧萐父：《吹沙二集》，第9页。

[2]　萧萐父：《吹沙二集》，第9页。

[3]　萧萐父：《吹沙二集》，第5页。

四、结语

　　仅就思想史、哲学史而言，"子学"就是研究诸多思想家、哲学家的学问。中国传统文化当然有自己的主流，但并不因此而能过多地奢谈"正统"，争抢所谓的"正统"。思想与文化的发展恰恰要在诸子百家争鸣的状态下才能健康地向前推进。中国传统文化很少有西方思想界"自由主义"的传统，但诸子百家的争鸣实质上就反映了学术自由与思想自由的特质。本节探讨萧萐父先生的子学思想，对于重新认识中国传统学术中的自由精神，对于21世纪的中国哲学与文化的发展，对于子学在当代的新展开，都将会给予有益的思想启迪。尤其是他将"子学"作一泛化的处理，要求我们参与世界范围诸子百家争鸣的说法，特别具有启发意义。

第二节
漫汗通观儒释道，从容涵化印中西
——萧萐父的比较哲学思想

20世纪中国哲学基本上是在比较哲学的视野里展开的，但将比较哲学作为一种思想的对象，则是比较晚近的事情。萧萐父先生也是这样的。作为中国马克思主义哲学史家的萧萐父先生，其真正的哲学教学与研究生涯，始端于运用马克思主义哲学的基本观点来研究中国哲学史。其早年的一些哲学文章，如《原美》，本科生时代的学位论文《康德之道德形上学》等，还只能看作是其哲学研究的开始，以及哲学教学与研究的准备阶段。但即使在此阶段，萧先生也表现出了融西方哲学于中国哲学，尤其是融于当代中国人生哲学思考之中的特点。真正展示了萧先生比较哲学的自觉意识，当以他与李锦全教授共同主编，于1982年、1983年先后出版的《中国哲学史》教材为成熟标志，以1983年发表的《中国哲学启蒙的坎坷道路》一文为集中、浓缩的表现。其后，他的比较哲学思想又透过对"诸子"观念的泛化，把当今的世界哲学看作一个整体，呼唤有志于中国哲学研究的学人，参与世界范围的诸子争鸣。此一阶段的比较哲学思想已经俨然进入了世界哲学的新领域。除了一些学术论文之外，萧先生的比较哲学思想还体现在他对研究生培养的教育思想之中，通过对武汉大学中国哲学史团队研究生培养经验的总结，他提出了20字方针："德业双修，学思并进，史论结合，中外对比，古今贯通。"其中"中外对比"即是"比较哲学"的思想，并将其贯穿于研究生教育与培养的过程之中。本节将集中讨论他的比较哲学思想，暂不涉及他比较哲学思想在研究生教育中的具体表现。

一、中西哲学启蒙的异同比较研究及其理论贡献

毋庸讳言，萧萐父先生是马克思主义哲学史家，其直接的思想资源之一便是侯外庐先生的思想。萧先生关于中国哲学早期启蒙思想的论述，是从侯外庐那里继承过来的思想遗产，但又有他自己的新认识。这种新认识主要表现在三个方面，一是将中国早期启蒙思想直接上溯到16世纪中后叶，将李贽既看作中世纪的"异端"思想家，又看作早期启蒙思想家。这一点在其与李锦全共同主编的《中国哲学史》（下）（1983）中有明确的体现。他这样说："李贽的异端思想具有新的时代特征，他是在对封建传统思想进行自我批判的过程中，敢于首先摆开'堂堂之阵'，举起'正正之旗'，具有'正兵在我'，'交

战而不败'的英勇斗争精神的重要启蒙思想家。"[1]又仿照恩格斯对欧洲文艺复兴时期启蒙人物的评价，评价李贽道："李贽以他'所特有的那种勇敢冒险者精神'，用笔和舌参加了当时反封建黑暗统治的斗争。他的具有批判、揭露性的战斗理论，证明他是具有'那种完满的与坚强的性格'的启蒙思想家。"[2]侯外庐虽然也这样说，"中国启蒙思想开始于十六、七世纪之间，这正是'天崩地解'的时代"[3]，也明确地说道："中国的启蒙者如何心隐、李贽以至王夫之、黄宗羲、顾炎武和颜元等人"，[4]但在实际上，他基本上将中国早期启蒙思想的发生时期放在17世纪，以王夫之等17世纪的思想家为其典型代表。在其与他人合作主编的《中国思想通史》（第四卷）里，将李贽列为异端思想家，从而与王夫之、黄宗羲、顾炎武等17世纪的启蒙思想家区分开来。

二是在中西比较的哲学视野里，他将中国哲学早期启蒙任务规定为反"伦理异化"，从而与西方文艺复兴以来近代人文主义思潮反对"宗教异化"形成鲜明的对比。他还认为，相对于文艺复兴以来西方的人文主义思想而言，宋明理学发展出的一套哲学思想并不是什么儒家人文主义，而只是伦文主义："这种伦理至上主义，绝非人文精神，相反地，乃是一种维护

---

[1] 萧萐父、李锦全主编：《中国哲学史》（下），人民出版社，1983年，第173页。

[2] 萧萐父、李锦全主编：《中国哲学史》（下），第183页。

[3] 侯外庐：《中国思想通史》（第五卷），第3页。

[4] 侯外庐：《中国思想通史》（第五卷），第27页。

伦理异化、抹杀人文意识的伦文主义。它不仅取消了人的主体性，尤其抹杀了人的个体性，把个体消解于异化了的群体人伦关系之中。只有冲破伦文主义的网罗，才可能唤起人文主义的觉醒。"[1]

三是对中国哲学早期启蒙思想的性质规定不同于侯外庐先生。他借用马克思的基本哲学思想，将中国哲学的早期启蒙思想规定为一种特定历史条件下的"历史自我批判运动"。萧先生关于中国哲学早期启蒙思想的三点新认识，得力于他对中国哲学自晚明以来与西方哲学交流、对话的历史认识而自觉从事"求同异""别共殊"的理论追求。他认为，从中西哲学、文化的比较研究历史来看，晚明以降到20世纪80年代，大体上有过五次大争论，第一次大争论在明末清初，这一次论争所涉及的问题，"主要是表层文化中的某些异同和科技应用方面的问题"[2]。

第二次大论争发生在鸦片战争以后的社会动荡和民族危机之中。而这一次争论中，无论是赞成吸收西学的，还是主张抵制西学的，"都异口同声地认为所有西学，都是我国古已有之"[3]。而这两次的中西文化异同的论争中，共同表现了一种思想倾向，即"中国知识分子或从天朝上国的心态出发，或仅为了满足'以西为用'的需要，于是流行着一种'西学中源论'

---

[1]　萧萐父：《吹沙集》，第141页。
[2]　萧萐父：《吹沙集》，第68页。
[3]　萧萐父：《吹沙集》，第68页。

的思潮"[1]。

第三次争论是五四时期。这一时期的论争大体上可以分成三派。一是国粹派，这一派"主张中国文化自有其主体精神与发展走向"。二是全盘西化派，这一派认为中国"百事不如人"。这两派在具体的观点上截然相反，但实际上"都认为中西文化根本不同，是两种异质的文化"。[2]三是马克思主义派。他们也强调中西文化的根本差异，但突出的是社会阶段不同的时代性差异；也有主张中西文化可以"互补"而孕育出"第三种文化"，实指社会主义文化。李大钊就有这样的主张。[3]

第四次大争论是"五四"以后至抗战后期。这一次争论从总体上看，对中西文化的认识"已不再是肤浅地认同或笼统地立异，而是力求在较深入地比较研究的基础上，察异观同，融会贯通"[4]。在这一历史时期，产生了一批新的理论体系，如"金岳霖的新玄学体系、冯友兰的新理学体系、贺麟的新心学体系、熊十力的新佛学体系、朱谦之的新文化哲学体系、朱光潜的新美学体系，以及顾颉刚等一批史学家为代表的新史学体系，特别是把马克思主义学说与中国革命实践相结合的毛泽东的'新民主主义'理论体系"[5]。

萧先生将自己所处的20世纪80年代看作是"中西文化的

---

[1]　萧萐父：《吹沙集》，第68页。
[2]　萧萐父：《吹沙集》，第69页。
[3]　萧萐父：《吹沙集》，第69页。
[4]　萧萐父：《吹沙集》，第69页。
[5]　萧萐父：《吹沙集》，第69页。

第五次论争"，并对这次论争的具体历史情境作具体的分析。一是"主体变了，抗日侵略、抗美封锁、抗苏断交，毕竟抗过来了，虽然屡遭挫折，依旧贫穷落后，但中国人民毕竟站起来了，不再是东亚的'睡狮'和'病夫'了"。[1]二是"客观形势也变了，不仅西方学者自己惊呼'西方的没落'，而且社会主义的经济、政治、文化模式和马克思主义的理论模式也正趋于多样化。人们在变换视角，寄希望于东方文化的复兴"[2]。他认为，在这样新的历史条件下，中西文化异同比较研究，要有"一个新的思想高度，来总结以往在中西文化论争中的一些经验教训，包括马克思主义中国化这个问题里的经验教训"[3]。他认为，要"进行严肃的历史反思，总结经验，避免洄流，认清去向，把我们民族近四百年融合中西、走向现代化的文化发展历程往前推进"[4]。在20世纪80年代的中西文化论争的过程中，萧先生得出的基本结论是："中国的现代化，决不是、也决不可能是什么全方位的西方化，而只能是对于多元的传统文化和外来文化，作一番符合时代要求的文化选择、文化组合和文化重构。"[5]进而在自己民族文化的内部找到"源头活水"，也就是说，"要找到传统与现代化之间的文化接接合点"。[6]之所以是

---

[1] 萧萐父：《吹沙集》，第70页。
[2] 萧萐父：《吹沙集》，第70页。
[3] 萧萐父：《吹沙集》，第70页。
[4] 萧萐父：《吹沙集》，第70页。
[5] 萧萐父：《吹沙集》，第70页。
[6] 萧萐父：《吹沙集》，第71页。

文化的"接合点"而不是"结合点"，萧先生对此有特别的思考。他说："至于历史的接合点，我用的是'接力赛'的'接'，因为主体参与的文化代谢发展，有一个如何'接力'的问题。任何人研究历史文化，清理思想遗产，无论他自觉与否，实际上都是在参与民族文化的接力赛，都是在寻找最佳、最近的接力点。只是由于各种原因，人们对多元的传统文化各有选择，对历史的接合点各有取舍而已。"[1]

通过对近四百年来中西文化争论的理论总结，萧先生的比较哲学、比较文化研究带有强烈的现实关怀，他要在理论上寻找当代中国现代化与传统优秀文化的"接合点"，从而为中国特色的现代化道路提供理论与学术上的支持。

另外，萧先生的比较哲学研究不只是局限于中西印的比较，对于现代中华民族内部汉民族哲学与少数民族哲学，如与蒙古族哲学之间的比较研究，也有所涉猎。在《马克思主义哲学史观与蒙古族思想史研究》的文章中，初步涉及汉民族哲学与蒙古族哲学的异同问题，他认为："整个中华民族的哲学从史料上看，大都处于前资本主义阶段，近代很短。这里有一个共性，就是诸意识形态混杂在一起。"[2]因此，研究汉民族哲学与研究蒙古族哲学，都面临着一个共同问题，即如何将一些非哲学的内容从哲学的内容中清除出去。该文虽然还没有来得及具

---

[1]　萧萐父：《吹沙集》，第55页。

[2]　萧萐父：《吹沙二集》，第391页。

体讨论中华民族内部汉民族哲学与其他少数民族哲学的异同关系，但也已经触及这一问题，为我们研究中华民族内部的少数民族哲学提供了思想的启迪。

二、参与世界范围内的诸子百家争鸣

通过对"文化中国"一词的分析，萧萐父对中华文化如何走向世界的问题作出了别开生面的解释。他说，"文化中国"概念的提出，开初的意图在于以中华文化的精神共性，唤起认同感，促进统一进程。但如果从更广阔的视角来看，则可以透过此概念"来观察世界华人文化这一历史现象的形成，观察世界华人文化的若干类别及其共殊关系，观察中国哲学文化走向世界的契机和历程"[1]。在萧先生看来，"从文化的角度看，世界华人过去和现在始终面临着东西（东方文化和西方文化）、古今（传统观念与现代意识）之间的文化思潮的矛盾冲突，面临着如何正确解决传统文化与现代化的历史接合的难题和中国文化与西方文化的互补交融的难题"[2]。因此，世界范围内的诸子争鸣，其实还不仅停留于思想家之间的观念交锋，还体现在世界各地华人在西方文化的生活环境里，如何处理中西古今的文化之争的问题，他们的生存方式，并且透过生存方式而体现

---

[1] 萧萐父：《吹沙二集》，第75页。
[2] 萧萐父：《吹沙二集》，第10页。

出的中华文化特点，实际上也在参与着世界范围的文化之争。"伴随着中华文化的自我振兴和中西方化的互补交融，二者互为条件，同步进行。经过这番历史的熔铸，'文化中国'将闪耀出新的光华，必将对人类文化的新发展作出应有的贡献。"[1]

　　非常有意思的是，萧先生的这一观点，在他生前好友冯契教授那里也有类似的表述，如冯先生说："我们现在面临的是一个世界性的百家争鸣局面。对传统文化、对西方文化以及诸文化怎样彼此结合或冲突，将会有怎样的前途，大家见仁见智，会提出许多不同意见。只有通过百家争鸣来自由地讨论解决。"[2]

　　冯契先生与萧先生都是深深扎根于中国哲学传统的马克思主义哲学史家，他们以深邃的历史眼光来分析、预测当今世界范围内的民族文化、哲学思想的交流、融合的现实与趋势，不约而同地以中华固有的"百家争鸣"的历史范例来思考当代世界文化现象，这为我们今天从事比较哲学研究提供了某种启示意义，即要立足于自己民族固有的精神传统，并将其发扬光大，变成一种现代的、具有世界意义的精神资源。在萧先生看来，今天世界范围的"百家争鸣"，还只是一个开端，"中西文化的兼容、互补、合流还有待各方面思想理论准备等条件的成熟"[3]。因此，"东西慧梦几时圆"的问题，还需要经过一段相当

[1]　萧萐父：《吹沙二集》，第10页。
[2]　冯契：《人的自由和真善美》，华东师范大学出版社，1996年，第343页。
[3]　萧萐父：《吹沙三集》，第244页。

长的历史时期。但我们现在要有准备，即"通过'两化'，实现传统文化的解构，推陈出新，作出新的综合创造；从而有充分准备去参与'世界性的百家争鸣'，与世界各国的学术前沿多方面接轨，多渠道对话，从而对人类文化的新整合、新发展，作出应有的贡献"[1]。由此论述来看，当代中国的比较哲学研究，其主要目标不在于建立一个所谓的"世界哲学"或"全球哲学"，而是创造出真正的中国哲学，进而为世界新文化作出自己的贡献。

三、"中国哲学最终归宿是诗化的哲学境界"

通过比较哲学与比较文化的研究，萧先生更加关心的是中国哲学在未来的表现形态，并通过新形态的中国哲学克服西方哲学中某些流派的极端化和片面性。萧先生多次明确说道，在做中西比较研究时，不宜"采取简单的笼统的辨异或认同"[2]，因为中西文化在实际上是"异中有同，同中有异"，故我们在做中西哲学与文化比较研究时，"应当辨其同异，别其共殊，作具体分析"[3]。具体来说，就中西哲学与文化中的形象思维与逻辑思维来说，中西方文化、哲学中都有这两种思维方式，不

---

[1] 萧萐父：《吹沙二集》，第5—6页。
[2] 萧萐父：《吹沙三集·自序》，第5页。
[3] 萧萐父：《吹沙三集》，第244页。

能简单地说中国哲学、文化长于形象思维，西方哲学长于逻辑思维，而是要具体到不同的哲学家及其哲学作品上面。西方哲学与文化传统中，也有很多长于形象思维的哲学家的。

不过，萧先生在对形象思维与逻辑思维之于哲学思考的作用问题上，更倾向于一种综合，而且也在亲身实践、探索这两种思维相结合的哲学形态。他认为其《吹沙集》《吹沙二集》都试图体现"诗文并存，情理并重"的哲学致思方式。[1]而这种致思方式与"现代价值理论中的理论理性与实践理性的关系"，"科学实证与人文关怀的关系"都是相通的。他认为，"强调哲学的诗化与诗的哲学化，是中国哲学的一个好传统"[2]。像"庄周梦蝶""贾谊哭鹏""屈子问天""荀卿赋蚕""万物静观皆自得，四时佳兴与人同""我来问道无余说，云在青天水在瓶"等，"都是中国传统哲学追求诗化的典型反映"。[3]而中国哲学通过诗化的形式"追求最高价值理想的形上学思维的道路"，其优势表现在："既避免把哲学最后引向宗教迷狂，又超越了使哲学最后局促于科学实证，而是把哲学所追求的终极目标归结为一种诗化的人生境界，即审美与求善、契真合而为一的境界。这实际上就是中国哲学的终极关怀。"[4]而这一诗化的人生境界，"对于克服西方哲学中某些流派的极端化和片面性，

---

[1]　萧萐父:《吹沙三集》，第244页。
[2]　萧萐父:《吹沙三集》，第244页。
[3]　萧萐父:《吹沙三集》，第244页。
[4]　萧萐父:《吹沙三集》，第244页。

不能说没有一定的启迪意义"[1]。

萧先生通过对中西印三大哲学传统的比较研究，从容涵化，在理论上将中国哲学的根本特征贞定为"诗化的人生境界"上，在实践上也遵循着这一诗化哲学的精神去从事哲学研究与哲学创作活动。晚年，他在纪念王船山逝世三百周年的会议上提交的《船山人格美颂》一文，就是一篇诗化哲学的典型论文。该文第三部分通过对船山著作中梦与诗关系的哲学化解释，揭示了船山哲学对未来的憧憬。"船山多梦，并都予以诗化。诗中梦境，凝聚了他的理想追求和内蕴情结。"[2]细而言之，"抱刘越石之孤愤"而又"思芳春兮迢迢"，此梦实际上是一种反清复明的政治之梦。"梦未圆时莫浪猜"，以及《噩梦》一书所寻之梦，实际是"苏人之死，解人之狂"的改革设计，寄希望于未来的理想之梦。[3]而在船山诗境中"蟠藕修罗"的梦影，则是船山早年自拟为失败英雄而不甘心于失败的反抗斗志的表现。要而言之，"船山诗化的'梦'，乃其人格美的艺术升华"[4]。在该文的第五部分的结尾处，引船山诗作以展现船山哲学的诗化特质，对船山所理想的"亭亭鼎鼎，风光月霁"的人格与襟怀，对"光芒烛天，芳菲匝地。深潭映碧，春山凝翠"未来理想世界的向往，给予的也是诗意的回应："对此，我

---

[1]　萧萐父:《吹沙三集》，第244页。

[2]　萧萐父:《吹沙二集》，第429页。

[3]　萧萐父:《吹沙二集》，第429页。

[4]　萧萐父:《吹沙二集》，第430页。

们也只能神交心悟，目击道存，如船山所云："言不能及，眉笑而已。'"[1]

在《〈王夫之评传〉弁言》之中，他通过对司马迁《史记》诗性特质的发掘，并对罗曼·罗兰"巨人三传"（《贝多芬传》《托尔斯泰传》《米开朗基罗传》）的分析，对自己与许苏民教授合著的《王夫之评传》提出了极高的要求，即如何达到"契入船山精魂"[2]的传神层面。为了达到这一"传神"的境界，他在《王夫之评传》的《弁言》部分，精选了他自己以往有关船山思想、人格的十首诗作放在著作之首，希望能对该《评传》起到"体物以传神"[3]的补苴作用。

萧先生对"诗化哲学"境界的追求，在《傅山三百年祭》的组诗中就已经得到了较明确体现。该文作于1984年8月，正值他60岁之际。全文由十四首诗构成，每首诗后面附有简短文字，或介绍生平，或概述傅山平生所做的典型事情，或例举傅山的典型哲学思想，或刻画傅山的典型性格，最后一首将傅山放在明清之际大的历史背景之中，对傅山早期启蒙思想的历史意义作出生动的评价："船山青竹郁苍苍，更有方、颜、顾、李、黄。历史乐章凭合奏，见林见树费商量。"[4]青竹即傅山的字（后改青主），船山与青竹构成一和谐的诗境，象征着明清

---

[1]　萧萐父：《吹沙二集》，第432页。
[2]　萧萐父：《吹沙三集》，第271页。
[3]　萧萐父：《吹沙三集》，第271页。
[4]　萧萐父：《吹沙集》，第312页。

之际早期启蒙思想的生命活力，方、颜、顾、李、黄分别是指方以智、颜元、顾炎武、李颙、黄宗羲。这些早期启蒙思想家共同合奏了明清之际中国早期启蒙思想的恢宏乐章，而对这些乐章的总体性质与具体思想家特征的评论，可以是见仁见智的，需要认真地讨论。

目前流行于市面的《吹沙集》《吹沙二集》《吹沙三集》，都有萧先生自己精选的部分诗作附于文集之末：《吹沙集》里有"滴水吟稿"，又分作"劫余忆存"与"火凤凰吟"两部分；《吹沙二集》里有"滴水吟稿"，分为"风雨忆存""湖海微吟""联语"三部分；《吹沙三集》有"湖海微吟"部分，分为"湖海微吟（续）"和"联语"两部分。这种文集的体例亦体现了萧先生对中国哲学诗化境界追求的遐思。

四、结语

在现代西方哲学的传统里，比较哲学只占据非常次要的地位。然而，在现代中国哲学传统里，比较哲学则是重头戏，因为我们所理解的广义的哲学就是西方人所擅长的一套理论思维方式。从现代中国知识分类的角度来看，哲学也成为人文社会科学的首要学科。其重要性虽然比不上传统经部学问在四部中的位置，但就现代的人文学科来说，大家基本上默认哲学思维能力对于整个人文学科的意义。如何建立具有中国特色同时又能被世界哲学界承认的中国哲学，一直是现代中国哲学界，也是现代中国知识界的共同梦想。如何实现这一梦想，可能有不同的路径，但比较哲学的研究无疑是通向这一梦想的重要途径之一。当代中国哲学界已经有一些哲学家在尝试做中国哲学的创作工作。笔者认为，通过对20世纪以来比较哲学研究的思想传统的清理，可以有助于当代中国哲学的创造工作。本节仅是作为此项工作的一个开端，希望有更多的学人加入现代比较哲学的研究工作之中，从而在现代比较哲学研究的过程中创造当代的中国哲学。

第四章 | 易学精神的活化与哲学史书写方法的中国化之探索

第一节
人文易与民族魂
——萧萐父对易哲学精神的当代活化

　　"人文易与民族魂"的关系问题，是萧萐父先生对易学与当代中国文化建设关系所作的宏论。"人文易"不能简单地等同于传统的义理易，而是通过对传统象数易、义理易、占卜易的合理要素的吸收，重新建构适应现代文化建设需要的一种人文哲思。这一人文哲思的文本依据是《周易》的经、传、注的易学史著作，其问题意识即民族魂问题，乃是如何重铸现代中国精神。古老的中国既要建成现代性的国家，又要有中国的文化特色，具有不同于其他民族的"民族魂"。而易哲学所包含的丰富人文精神资源，将是中国现代文化建设，特别是现代"民族魂"的核心内容之一，需要一代又一代的学人持续为之研究与阐发。

　　20世纪以来，受中国社会政治、经济结构的剧烈变迁影响，易学研究有了长足的发展。及至20世纪80年代以后，伴随着西方文化的再次大量输入、地下考古新材料的大量发现，有关《易》的研究出现了一次又一次的新热潮：象数易获得复兴，科学易随之崛起，考古易也不断有新发现。在这一热潮下，萧萐父先生敏锐地发现，《易》本身所包含的"似乎应该成为易学研究的主干和灵魂"[1]的人文意蕴，却没有得到应有的关注。因此，在1990年8月庐山"周易与中国文化"的会议上，他首次提出了"人文易"的概念。这一概念是萧先生在对整个易学发展史和易学体系再构建的深入思考的基础上，对于易学研究与中国特色的现代文化建设之间关系所做的探索性思考，具有极强的启迪意义，值得今天致力于易学研究的学人们重新咀嚼与反思。我们在此接续萧先生"人文易"的思想观念，对此问题再次作出探索性的思考。

一、"人文易"的基本内涵

萧萐父先生认为，易学由《经》到《传》"固有地就兼涵了'明于天之道'的科学理性、'察于民之故'的价值理想、'是兴神物以前民用'的占卜信仰这三个方面的基本内容，在不同条件下发挥着'以通天下之志'、'以定天下之务'、'以断天下之疑'的社会作用。因此，合《经》《传》为一体的'易学'，摆脱了原始巫术的形态，容纳和体现了古先民的科学智慧、人文理想与神道意识，三者既相区别，又相联系，且互为

---

[1]　萧萐父：《吹沙二集》，第71页。

消长，在不同历史时期、与不同的学术思潮相激荡而发挥其不同的文化功能"。[1]基于上述对易学内容的重新概括、归纳，萧先生将易学分为三派：科学易、人文易与神道易。在他看来，这种划分方式，一方面可以弥补传统象数、义理划分方法的不足，另一方面也可以接纳和吸收西方文化，并与近现代人类哲学思潮的分化大势——科学主义和人文主义两大趋势相应和，进而达到古今中西的圆融接续。因此，"科学易""人文易"的划分，既贯通古今，又融汇中西，既有历史渊源，又有现实依据，具有一定的合理性。

萧先生从易哲学史的角度，对易学流派分类问题进行了梳理，认为"历史上的易学流派，粗分为象数与义理两大派，自无不可，但尚需进一步规定"。[2]纵观易学发展史，历史上的易学著作也并不是截然分立的，象数易中一些内容也是科学、神学并存，并且随着易学的发展和研究的深入，象数与义理之间逐渐表现出由分而合流的趋势，朱熹、蔡元定等继承了象数学派中的一些智慧性的成果并加以理性地疏解，这样就"历史地形成一个条件，易学中象数学和义理学有可能达到一种新的综合，在此基础上孕育出新的易学分派"。[3]到了17世纪，在中国特定的历史条件下，王夫之等人在总结、继承前人易学思想的基础上，更多强调象数与义理在新易学体系中的统一，提

---

[1]　萧萐父：《吹沙二集》，第73页。

[2]　萧萐父：《吹沙二集》，第75页。

[3]　萧萐父：《吹沙二集》，第75页。

倡"学易"与"占易"并重，通过"明有""尊生""主动"等新哲理的阐发，全面发挥了易学中"人文化成"的思想，充分利用了传统易学的范畴和理论框架，展开了他的人文哲学体系。在萧先生看来，这一体系正是"走出中世纪的近代'人文易'的雏型"[1]，为近代"人文易"奠定了理论基础。此后熊十力、张岱年等诸位哲人也不断开拓这一理念，通过阐发中华传统文化中源自"易道"的民族精神，来推动以民族魂为内蕴的"人文易"的发展。再加之中西文化的碰撞，易学中原本所具有的"明于天之道"的科学理性受到近代科学的激荡，其中与当时天文、医学等科学成果相联系而形成的象数思维模式也被提到新高度。萧先生认为，17世纪崛起的桐城方氏学派是"科学易"的先声。其根本趋向在于将传统易学的象数思维模式与新兴的"质测之学"相结合，引进西方新兴质测之学，用以论证传统文化中的科学思想。这也正是近代"科学易"的致思趋向。戴震、焦循等继续沿着这一思路，推进着"科学易"的发展。由于三百年来历史道路的曲折发展，"科学易"的研究一度受到冷落，20世纪以来，中西文化中一些自然科学家转向"科学易"的研究，易学中某些象数结构因被中外学者纳入现代科学的语境与视野而有了新的诠释，使得东西方学术思想在某些层面被重新整合，"科学易"的研究取得很大的进展，时有创获，成为当代易学最富有成果、也最引人注目的一个学术

---

[1]　萧萐父：《吹沙二集》，第76页。

分支。因此，传统意义上的义理、象数划分的体系，已经不能满足易学在新时代的发展要求。因此，萧先生的"人文易"与"科学易"这对范畴，是基于易学本身所具有的内容和易学在新时代发展特点的准确把握，对易学流派划分所作出的重大尝试。而"人文易"这一概念的明确提出，在一定程度上弥补了原有易学研究与现代文化建设不相适应的缺陷，可以把作为我们民族传统文化精神和哲学智慧之主要"源头活水"的《易》学文化与中华民族的现代文化精神结合起来，为中华民族文化在当代的发展提供古老而常新的精神元素。

简要地讲，萧先生所说的"人文易"，是指"凝结在易学传统中的人文意识和价值理想"[1]。他将《易传》作为"人文易"的历史起点，认定"刚柔相错"所示的"天文"，是工具理性所认知的客观物象及自然知识，属于"科学易"的探究范围；而将"观乎天文，以察时变；观乎人文，以化成天下"的实践理性，看作"人文易"的范畴。萧先生还进一步将"人文易"分作两个层次。第一，强调人的主体性和实践能力。虽然"天文"是客观的，属于科学易研究的范畴，但是"观天文、察时变"带有一定的人为目的和意义，离不开人文意识中"应然之理"[2]的指向。因此，"人文易"首先肯定人的价值，表明人在

---

[1] 萧萐父：《吹沙二集》，第71页。
[2] 萧先生认为人所面对的世界，既有理性（工具理性）所认知的"实然之理"，也有心灵（价值意识）所认知的"应然之理"，二者互相区别，又互相联系，但却永不能互相代替。

认识世界、改造世界的过程中居于主体地位，并根据一定的认知进行社会实践。"人们总是根据一定的社会需要和价值理想去认识世界，所以这一实践活动的意义已属于'人文易'的研究范围。"[1]第二，从人的价值理想角度来看，"观乎人文，以化成天下"是人类文明的根本标志，是人类根据人文来改造世界的过程，包含着"各正性命，保合太和，乃利贞"[2]的人文价值理想的动态实现过程，构成"人文易"丰富内涵的主要内容。这一朴素的人文精神以"推天道以明人事"为宗旨，在易学发展的历史长河中，其内涵是不断丰富和发展的。

在17世纪特有的社会经济背景下，作为早期的"人文易"之雏形，是由中国早期启蒙思想家王夫之建立起来的，并对现代思想家熊十力产生了巨大影响。王夫之在"天人合一"的传统思维下，以人为出发点和目的，强调人道的核心地位，通过天道来彰显人道，并以"人道率天道"的光辉命题，初步揭示了"人文易"的近代内涵。王夫之强调人是历史、文化的主体，不仅强调了"依人建极"的历史原则，而且具体提出了自君相以至于普通百姓，皆可以发挥"造命"的功能，并将所有人的"造命"活动看作是大自然赋予人类的"天之仁"，谁要是辜负了这一"天之仁"，就是将自己等同于"禽鱼之化"。他依托《易传》的"道器"论思想，阐发了一套积极主动、面向

---

[1]　萧萐父：《吹沙二集》，第70页。

[2]　程颐撰，王孝鱼点校：《周易程氏传》，中华书局，2011年，第3页。

未来的新人文理想：

> 天者器，人者道……人道之流行，以官天府地裁成万
> 物而不见其迹。[1]
> 洪荒无揖让之道，唐、虞无吊伐之道，汉、唐无今日
> 之道，则今日无他年之道者多矣。[2]
> 已消者已鬼矣，且息者固神也，则吾今日未有明日之
> 吾而能有明日之吾者，不远矣。[3]

可见，"人文易"在明清之际的特定历史条件下有了初步的发展，并与当代"人文易"的基本精神有着内在的血脉关系。

就理论旨趣来看，萧先生的"人文易""旨在古今贯通地展示易学中构成传统文化心理、深层的人文意识、价值理想、精神追求等"[4]，因此，他将"人文易"中所包含的丰富的人文理想看作是"民族魂"的重要组成部分。在萧先生看来，一个民族传统形成的文化心理素质是有某些共性的。这种共性可以超越一定时期内政治、经济格局等所造成的民族的分离隔阂和差距。"内蕴于文化层中的价值取向与精神动力，是民族传

---

[1] 王夫之：《思问录内篇》，《船山全书》（第12册），岳麓书社，2011年，第
　　405页。
[2] 王夫之：《周易外传》，《船山全书》（第1册），第1028页。
[3] 王夫之：《思问录外篇》，《船山全书》（第12册），第4034页。
[4] 萧萐父：《吹沙二集》，第109页。

统中最有活力的文化基因，可以长期影响乃至支配一个民族的普遍心理素质和文化走向。因而，'人文易'内蕴于易学传统中的人文意识和价值理想，应当成为易学和易学史研究的主线和灵魂。"[1] 所以，萧先生说："就'人文易'中的价值理想内蕴于民族文化深层中、长期塑造而成的精神因素而言，可称作民族文化之魂。"[2] 由此可以看出，萧先生的"人文易"思想，不仅是从学术层面对传统易学体系进行重构，更主要是通过"易学"这一民族传统文化精神和哲学智慧的主要的"活水源头"的疏通与浚深，彰显着"永恒跳动的时代脉搏"的中华传统文化深层中最值得珍视的"民族魂"，让古老民族的精神传统在现代世界里闪耀出独特的人文光芒，进而反映中华民族现代精神的独特性。

二、"人文易"多重意蕴的再探索

萧先生主要从"时代忧患意识""社会改革意识""德业日新意识""文化包容意识"四个方面揭示了"人文易"的基本内涵，进而将"人文易"与"民族魂"，即民族精神的重大问题联系了起来。但相对于内蕴深厚丰富的"人文易"观念而言，这仅是"人文易"观念最为切合20世纪90年代改革开放

---

[1] 萧萐父：《吹沙二集》，第117页。

[2] 萧萐父：《吹沙二集》，第80页。

历史阶段的精神呼唤，而非"人文易"观念内涵的全部。本节将在萧先生论述的基础上，从以下四个方面进一步探索"人文易"与民族魂的内在关系，使易学研究与当代新文化建设产生内在的相关性。

（一）遵天道以启人道的天人思想

"天人""阴阳"是易学中的重要范畴。《易传》中"观乎天文，以察时变；观乎人文，以化成天下"这一认知逻辑，充分体现了易哲学的思维模式——天人统贯、阴阳平衡的思维。这种思维方式的前提是，自觉地把天人相通看作是一个不言自明的前提，人因为与天地相通，所以可以从整体上来把握天地运行的规律，并以此来指导人事。如《系辞传》说：

> 易与天地准，故能弥纶天地之道，仰以观于天文，俯以察于地理，是故知幽明之故。

又说：

> 夫易者何为也？夫易，开物成务，冒天下之道，如斯而已者也！是故圣人以通天下之志，以定天下之业，以断天下之疑。

上文的"弥纶"与"冒"二词，均有无所不包之意。不过，前者所说的"幽明""死生""鬼神"等，属于自然之道，也即是"天文"；后者所说的"通志""定业""断疑"等，属于人事、社会之道，也即是"人文"。这样，经过《易传》作者阐发的易学思想，就是一种遵天道而启人道的新人文思想，使《易经》这部古老的占卜之书逐步向人文性的经典方向演变。《易传》的成书年代至今仍然有较大的争论，但《易传》对于《易经》的解释的确让古老的经典散发出更加灿烂的人文理性的光辉。《易传》将天地变化的根本动力归结为阴阳两种力量或势能，排除了天帝、鬼神等原始宗教的思想因素，初步确立了人类活动的基本原则，即人类的所有活动必须在天道的统贯下展开，但又不能简单地将"天道"等同于"人道"，而是将"观天文以察时变"与"观人文以化成天下"作了一种分离式的处理。

（二）"一阴一阳之谓道"的辩证思维与动态平衡思想

在先秦诸子百家的思想中，阴阳互补是一种普遍的思维模式，但易学所阐发的天人关系又有不同于诸子百家之处。概略地讲，它融合了早期阴阳家的形上学思想与早期儒家重视人事的思想内容，遵天道以启人道，以"一阴一阳之谓道"的经典哲学命题，阐发人性的先天与后天的内容，并以建立人间功业为最终指向，充分体现了易哲学刚健有为、积极进取的精神。《系辞传》说：

一阴一阳之谓道，继之者善也，成之者性也。仁者见之谓之仁，知者见之谓之知，百姓日用而不知，故君子之道鲜矣。显诸仁，藏诸用，鼓万物而不与圣人同忧，盛德大业至矣哉！富有之谓大业，日新之谓盛德。生生之谓易，成象之谓乾，效法之谓坤，极数知来之谓占，通变之谓事，阴阳不测之谓神。

除上述经典片段，《说卦传》对"阴阳之道"的论述也颇为典型：

昔者圣人之作《易》也，幽赞于神明而生蓍，参天两地而倚数。观变于阴阳而立卦，发挥于刚柔而生爻。和顺于道德而理于义，穷理尽性以至于命。昔者圣人之作《易》也，将以顺性命之理。是以立天之道曰阴与阳，立地之道曰柔与刚，立人之道曰仁与义。兼三才而两之，故《易》六画而成卦。分阴分阳，迭用柔刚，故《易》六位而成章。

《说卦传》在象—辞—义的易学阐释方式中，把《易经》的卦爻符号与阴阳的义理内涵结合起来，将表征天地刚柔的阴阳之爻与人间的仁义道德价值联系起来，进而将天文与人文两个方面的内容以"比德"的思维方式联系起来，构成了完整的天人一体的哲学思想体系。卦有阴阳，爻分刚柔；通过六十四卦、三百八十四爻的象数关系，把天、地、人的三才之道揭示出来；并通过六爻之间所结成的承乘比应、时、位、中等各种关系揭示出阴阳之间的相磨相荡，以趋于平衡协和的趋势，并将"保合太和"看作最高的理想境界。因此，我们可以这样说，《易传》中的"天人"关系思想体系是通过"一阴一阳之谓道"的具体形式展开的，而且以易哲学的特有符号系统与语言系统，即言、象、意的三重表意系统来表达的。这三重表意系统与天地人的"三才"之道又构成了一种对应关系。它不同于先秦其他诸家思想的思维模式在于：以卦爻符号的象征系统为其表意的形式系统，以阴阳哲学观念为思想的主线，在天启人成的大背景下，阐发人类遵道、进德、修业的人文理性、价值理想，以及如何把握先机，克服、化解危机，居安思危以保持生机等积极主动的人文精神。

作为"人文易"先声的王夫之易学，以"乾坤并建"的哲学命题体现了对于阴阳观念的重视。乾坤作为宇宙唯一实体之"气"的两种基本势用，相互交感摩荡以实现"易"的过程。王夫之以"乾坤并建""时无先后"为他的阴阳交互运动的思想提供时空背景，认为阴阳无处不在、无时不有，并多层次、多侧面地阐述了万物皆是阴阳、动静双方对立的统一体的道理。他说："阴阳之外无物，阴阳之外无道……一阴而不善，一阳而不善，乃一阴一阳而非能善也。"[1]天地万物之象、数、位、

---

[1]　王夫之：《船山著作单行本·周易外传》，岳麓书社，2011年，第1112页。

时，皆阴阳之气摩荡变化之显现，阴阳在变动不居的相摩相荡中趋向平衡统一，这是王夫之易哲学的重要观点，也是"人文易"在明清之际的一种重要表现。

就易哲学的传统来讲，"一阴一阳之谓道"的命题，有两种相反的精神传统，既有"刚柔相推，变在其中也"刚柔交错的思想，也有天尊地卑、阳尊阴卑的等级思想，还有"阴阳不测之谓神"某种神秘主义的思想倾向。就当代的"人文易"而言，我们要发扬的是易哲学传统中有益于当代人生的那部分思想内容，而不是简单地照搬古代义理易的一些现成的思想。因此，当代的"人文易"就不是简单地照搬传统易学中的义理派易学思想，而应当是去粗取精、去伪存真。

阴阳的作用促使天地"变革"，"天地革而四时成"，才有"日往则月来，月往则日来"的现象。《易》的阴阳思维虽突出了二者因不同而产生的相对、相摩荡，但其所体现的价值理想却是和谐与统一，强调阴阳的协调和有序。如果说"一阴一阳之谓道"是《易》的显现形式，那么趋于平衡则是它的运动趋势，而"保合太和"则是人应该追求的一种崇高的价值理想。《系辞传》说："阳卦多阴，阴卦多阳。"这句话虽然有一定的针对性，但却透露出易哲学强调阴阳不离、对称的思想。据李尚信研究，甚至六十四卦的卦序排列也遵循着阴阳平衡的原则。[1]

---

[1] 李尚信:《〈序卦〉卦序中的阴阳平衡互补与变通配四时思想》，载《周易研究》2000年第3期。

所以，对立虽是永恒存在的，但保持阴阳势力的对称，寻求宇宙运动变化的平衡，才是易学所揭示的深刻道理。

而这种基于承认相反势力存在，在阴阳变化中寻找平衡之法的思维模式对今天的文化发展，有着重要的启示意义。阴阳观念暗含了几层内涵：第一层是从客观事实存在层面，承认有不同性质的"二体"，处在不同的时位环境中；第二层是从实践层面而言，不同性质的二物或两种势力彼此并非完全隔绝，它们虽各有自己独特的品质，但也必然会有相互交感摩荡的过程，也就是说，此二体内在地包含有一种动态交感的现实性品格；第三层则是从价值层面看，此二者的交感摩荡最终应当以"和"为原则，矛盾的双方并非都要以你死我活的方式结局。"一阴一阳之谓道"的辩证矛盾观，一方面启示我们，一个统一体内事物之间的相反、矛盾现象，正是道的根本精神，故不应该害怕矛盾；另一方面也启示我们，阴阳之间可以通过适当的人为努力，使之朝着人所理想的平衡、和谐目标发展。

（三）顺时通变、乐观进取的知行模式

在中国传统思想体系中，"尚变"是最具中国特色的认知模式之一，也是《周易》一书中最为显著、贯穿始终的认知方式。这与《尚书·洪范》追求永恒不动的"皇极"思想颇不相同[1]，与古希腊柏拉图一系的哲学追求永恒不变、确定的

---

[1] 参见傅佩荣：《哲学与人生》，东方出版社，2015年，第147—151页。

真理的认知思想也极不相同。《系辞传》中说："易之为书也不可远，为道也屡迁，变动不居，周流六虚；上下无常，刚柔相易；不可为典要，唯变所适。"《说卦》也说："水火相逮，雷风不相悖，山泽通气，然后能变化，既成万物也。"这些都体现出《周易》一书重变的特色。不仅如此，后世学者也多对此作出论述，认为"尚变"是《易》核心概念之一。司马迁说：《易》长于变。"[1] 程颐说："《易》，变易也，随时变易以从道也。"[2] 及至王夫之更是在"变"的基础上，提出了"天地之化日新"的思想，肯定了人在历史发展过程中，在尊重自然规律前提下所具备的自我更新、民族创新的主体意识。可以这样说，把表达着万事万物的存在属性、活动常态之"变"作为《易》之中心思想，几乎是历代易学大家的共识。

"变"的内涵十分丰富，它以阴阳观念为内核，在阴阳的对立统一中，既显示出物极必反的规律，又显现着宇宙万物生成发展、大化流行这一永恒状态。而导致"变"的内在原因——阴阳，在原则上是可知的，但在具体变的经验事物上面并非完全确知的，故有"阴阳不测之谓神"的说法。而这一说法既揭示了"阴阳"事物变幻的复杂性，也包含了对人认识能力的有限性的提示。但易哲学并没有因此而滑向不可知论，

---

[1]　参见司马迁：《史记·太史公自序》，中华书局，1982年。
[2]　程颐撰，王孝鱼点校：《周易程氏传》，中华书局，2011年，第1页。

而是在天人统贯的思维模式下，要求人们趋时、适变而处变，提出了"变通者，趣时者也""见几而作""与时偕行""亨行时中"等积极主张。从这一角度而言，《周易》的积极"处变"的思想态度就是我们今天需要继承与发扬的优秀精神传统。

（四）"顺天应人、化成天下"的渐进式社会变革论

萧先生用革卦说明"客观的自然和社会的变革，不可违阻"[1]的客观性。"革卦"以深刻的历史眼光和进步的民本思想歌颂了"汤武革命"，认为商汤放夏桀、武王伐商纣都是"顺乎天而应乎人"的伟大革命，都是光明正大、心系天下的正义之举，都力挽狂澜取得了救民于水火的历史性胜利，并消除了社会发展的弊端。但萧先生又认为，实行变革或改革，"必须创造条件，注意过程，掌握时机，做到措施适当，'顺乎天而应乎人'"[2]。正如《易·兑卦》"彖辞"所说："兑，说也。刚中而柔外，说以利贞，是以顺乎天而应乎人。说以先民，民忘其劳。说以犯难，民忘其死。"

"化成天下"着重在"化"字。"化"与"变"不同，"化"强调内外融通，不以强力压迫事物让其变化，而是以一种和风细雨的感化方式推进社会改革。"教化"一词出现在战国时期，

---

[1] 萧萐父：《吹沙二集》，第82页。
[2] 萧萐父：《吹沙二集》，第82页。

但"教化"的实践尧舜时代就已有之。"教化"作为一词出现之前，教与化是分开使用的。《说文》云："教，上所施下所效也。"[1] "化，教行也。"[2] 段注："教行于上，则化成天下。"[3] 《管子·七法》释"化"："渐也，顺也，靡也，久也，服也，习也，谓之化。"[4] 可见，"化"是一种引导性的行为，是通过典范的确立，让接受管理的人向典范学习，因而是一个由外向内、由微而著的渐变的行为过程，强调的是一种潜移默化的感化功夫。而把这一伦理教化与社会管理相结合，就使得"教化"不仅具有化人的意蕴，还具备化家、化国、化天下等移风易俗、安上治民之政治意义。

"化成天下"的政治理念在《周易》中以"垂裳而治"的理想模式来展开的。《系辞传》曰："黄帝、尧、舜，垂衣裳而天下治，盖取诸《乾》《坤》。"在六十四卦中，乾坤居首，"乾"象征天，"坤"象征地，天地无为，任物自然而欣欣向荣。黄帝、尧、舜因效法天地之道行事，垂裳而治，遂使国泰民安，天下太平。《说卦》进一步解释说："离也者，明也，万物皆相见，南方之卦也。圣人南面而听天下，向明而治，盖取诸此也。""离"在《易》中象征太阳、光明、南方，万物都有趋向光明的本性，所以都趋附之。与此类推，圣人稳居高位，

---

[1]　许慎：《说文解字》，岳麓书社，2005 年，第 69 页。

[2]　许慎：《说文解字》，岳麓书社，第 168 页。

[3]　许慎撰，段玉裁注：《说文解字注》，上海古籍出版社，1981 年，第 384 页。

[4]　李山译注：《管子》，北京：中华书局，2009 年，第 58 页。

无为而治，其所具备的德性智慧如同太阳光照万物，宇宙一片光明，使百姓都心向往之，并在其影响下，近朱者赤，各修其德，各安其分，安居乐业，于乾道变化中，各正性命，保合太和。

易哲学"化成天下"渐进式的社会变革思想，在王夫之那里就变成了一种"养"，他说："易动而难静者，民之气也；得利为恩，失利则怨者，民之情也。故先王惧其怀私挟怨之习不中涤除，而政之所扬抑，言之所劝诫，务有以养之，而使泳游于雍和敬逊之休风，以复其忠之天彝。"[1]

王夫之所说的"养"便是用一种温柔和煦的手段去感化百姓，与"化成天下"有异曲同工之妙。要而言之，易哲学"化成天下"的渐进式社会变革思想，是一种尊重人、尊重百姓的主体性的社会变革模式，这一"化"的渐进式方法，无论是用"修辞立其诚"的方法，还是用"垂裳而教"的方法，其主要精髓是"感化"而不是"教化"，更不是生硬的道德说教与现代社会普遍使用的意识形态的宣传。它试图通过一种良好生活风气的培育、心性良知的培养等和缓的方式来实现个人或社会道德水准的提升，进而实现"化成天下"的管理目标。

萧先生的"人文易"思想，是着重从"时代忧患意识""社会改革意识""德业日新意识""文化包容意识"四个方面来揭示中华民族深层的文化心理或曰民族精神，进而第一

---

[1] 王夫之：《船山全书·宋论》，岳麓书社，1996年，第239页。

次旗帜鲜明地提出了人文易学与民族魂的内在关系。我们在此处则主要是从天人关系、辩证思维、知行观、社会渐变的方法论角度，来进一步探索"人文易"概念内涵的其他方面，以揭示中华民族的深层文化心理或民族精神的丰富性，使"人文易与民族魂"的关系问题在新的层面与侧面得到进一步的展开。我们深知，上述提到的四个方面远远未能穷尽"人文易与民族魂"关系的诸面向，在此，我们斗胆提出一个新的想法，即将"人文易"的概念上升到"人文易学"的理论体系高度，以此希冀更多的学人来思考"人文易与民族魂"的内在关系及其丰富、深邃的思想内容。

三、从"人文易"到"人文易学"的可能性思考

从科学与人文相对峙的现代学术背景出发，将传统易学从象数、义理、占卜三分法，改造为人文易、科学易、神道易的三分法，是萧先生对易学在当代的发展所作出的可贵探索，这一探索在多大程度上得到易学界乃至中国哲学史界的认同，需要一个较长的历史时段来检验，对此，我们暂时不必急于给出结论。我们在此重提"人文易与民族魂"的问题，主要目的有两点：一是尊重当代的学术传统，并在当代学者所开创的新传统基础上来发展当代的人文学术；二是要发展当代学术传统中富有生命力的一些学术观念，使之朝向更加系统化的方向发

展，进而为当代易学与人文学的发展做一些踵事增华的工作。

就第一点来说，我们接着萧先生的"人文易"观念往下讲，其实也是接续中国现代学术传统往下讲易学的当代发展问题。从20世纪更为广阔的人文学术背景来看，"人文易与民族魂"问题的提出，不是一个孤立的学术事件，其实是与现代中国追求中国特色的现代化的社会目标与民族的生存、发展使命紧密结合在一起的，是20世纪中国人学习西方文化，同时又寻找自己民族精神的独特性、保持民族精神的自主性这一复杂的文化心态在哲学思想上的一种表现。[1]

从中国现代思想发展史的角度说，20世纪中国文化的一个核心问题就是"古今中西"的问题。"古今"，指的是中国传统文化与中国现代新文化建设的关系；"中西"，指的是中国文化与近现代西方文化的关系。萧先生上承侯外庐的"明清启蒙"说，多次表示要把中国的早期"启蒙哲学"研究作为"文化

---

[1] 据日本郡山女子大学何燕生教授讲，萧先生提出人文易与民族魂的关系问题，是受他的好友历史学家章开沅"论国魂"系列文章的触发。章开沅"论国魂"的系列文章有：①《论国魂——辛亥革命进步思潮浅折之一》，《华中师院学报》1981年第3期；②《论辛亥国魂之陶铸》，《江汉论坛》1983年第2期；③《论国魂》，载《辛亥前后史事论丛》，华中师范大学出版社，1990年；④《国魂与国民精神试析》，载《辛亥前后史事论丛》，华中师范大学出版社，1990年；⑤《论史魂》，《华中师范大学学报》（人文社会科学版）1998年第1期。我们如果把眼光放远一点，应当说是受辛亥革命运动以来讨论"国魂"或民族精神的学术传统的影响所致。蒋百里（飞生）有《国魂篇》一文；1903年8月《国民日报》第1期发表了一篇未署名的文章《中国魂》（参见中山大学历史系林家有《孙中山的民族精神对中国社会建设的启迪》一文，来源：公祭轩辕黄帝网）。其他讨论民族精神的文章更多。

问题讨论"的一环,强调"应当从我国17世纪以来曲折发展的启蒙思潮中去探寻传统文化与现代化的历史接合点"[1]。但从"人文易"的角度来讨论当代"民族魂"的重铸问题,表明其对"历史接合点"的思考视野已经不再局限于明清"早期启蒙思想"了。"人文易"与"民族魂"关系的讨论,是萧先生晚年对中国传统文化在现代的发展所作出的另一种思想的探索,似乎表明他要从中国古老的"五经"之中开掘当代中华民族的精神资源,与王夫之"六经责我开生面"的经学思想精神有某种神合。

《易》作为中国文化的源头活水,其本身就蕴含着丰富"人文"的思想,而且作为儒家重要经典之一,一直备受学者们关注。在历久弥新的易学发展历史过程之中,"人文易"中的价值理想已经深深地融入中华民族文化的灵魂之中,并经过长期熏染而逐渐造就了民族文化之魂,成为"历史接合点"的载体。因此,借助于"人文易"来讨论当代易学乃至当代中国文化,较之一般"传统文化与现代化"、民族精神的抽象讨论,更容易把当代中国文化建设的民族主体性问题落实到具体的"元典"之中来加以讨论,同时也使当代的哲学史、易学史研究紧扣现实重大的理论问题,而不至于片面地钻故纸堆(不否认文本研究的重要性)。因此,"人文易与民族魂"问题的提出,虽然属于易学史的学术范畴,但远远超出了易学史的学术

---

[1] 萧萐父:《吹沙集》,第54页。

领域而进入了广阔的当代社会哲学创造与文化创新的思想领域，一方面让古老的易学智慧在当代重放光芒，另一方面也让当代中国的新文化精神与古老的文明结合起来，从而在现代世界诸民族文化之林里彰显古老中华文化的个性特色。

从全球范围来看，17、18世纪以来，世界文化开启了大调整、大融合的序幕。科学作为一种在历史上起推动作用的强大力量，对人类发展起到了划时代的作用。尤其是20世纪80年代以来，在世界范围已经兴起的以新技术革命为先导的新产业的巨大浪潮，冲击到了社会的各个方面，引起人们思维方式的巨大转变。但是随着科学的快速发展，又出现了新的问题。由科技带来的物质文明的极大丰富，给人们的生活带来了空前的便利，但同时也助长了人类巨大的贪欲，人类的欲望在资本力量的引诱下犹如打开了的潘多拉的盒子。人类永不满足的欲望使得我们不断地向外索取，给地球生态造成了巨大危机，同时也在不断地加剧人与自然的背离，人与他人、社会的背离以及人与自身的背离。人性的先天缺失问题既在理论上被忽视或被掩盖，又在现实中以自由、人权等理论形态被扭曲、被美化而不断地现实化，例如，人的利己性、自私性正在各种权利理论的保护下光明正大地在现实中大行其道，而责任意识则在不断地被淡化，乃至被淡忘。池田大佐曾说，这场危机是文化危机，是人的文化活动所制造的。这一说法大体不差。《易》哲学以遵天道而论人道的智慧思想方案，为科学与人文之间的圆融相处提供了一个可供选择的思想模式，也为斯诺的"第三种文化"[1]的创建提供了一种中国式的可行性方案。

　　萧先生在讨论"人文易与民族魂"的问题时，虽以人道为核心，并与萧先生提倡的"启蒙"意识、反对儒家的伦文主义、伦理异化思想相表里，重视人的主体性与个人自由、个性发展，但这一思路并不包含有人类中心主义的思想倾向。"人文易"的观念恰恰要求我们在吸收现代西方科学与人文精神的基础上，重新思考易学传统中的象数、义理、占卜的三分法划分，以人文易、科学易、神道易的新三分法来重新整理易学的丰富思想资源，并从其中充分挖掘和凝聚人文思想资源，为解决由科技发展、资本运作所带来的人与自然的不和谐，人的精神家园的荒芜、道德价值的缺失、人生信仰的坍塌，以及人与他人、人与社会的不相适应性，乃至国家与国家之间的相处模式等问题，提供"易学"式的解决方案。由此，我们对萧先生提出的"人文易与民族魂"问题可以进一步从理论上加以丰富与发展，使之成为当代的一种易学理论，一方面从"人文易"的理论出发，重新整理我们固有的易学文化遗产，另一方面以之为理论和方法，为化解当代中国社会，进而是人类社会诸问题，提供易哲学的解决方案。这便是本节所说的第二点，即尝

---

[1] 1959年，C.P.斯诺在剑桥发表了重要讲演——"两种文化和科学革命"，明确提出科学文化与人文文化的对垒、分裂和冲突。为了解决这种分裂，斯诺在《再看两种文化》（1964）中预言两者的融合将产生"第三种文化"。在"第三种文化"中，科学学者与人文学者互相沟通、了解，科学家和人文学者互相学习对方的知识，从学科上打破科学与人文的分裂，达到科学与人文的融合。

试建构人文易的理论形态，使"人文易"由一种单纯的哲学观念向一种具有理论形态的"人文易学"方向转化，并在"人文易学"的框架下来讨论"民族魂"独特而丰富的内容

就理论形态的"人文易学"而言，大体上应该包括两个大的方面内容：一是人文易的历史形态及其演变，二是人文易理论的核心理念与理论的内在逻辑结构。从现代学术"科学"与"人文"二分的基本框架来看，"人文易"着重从哲学观念，社会思想与人的身心关系等角度，来发掘传统易学的合理性思想内涵。从这一视角出发，传统易学中的象数、义理、占卜三类易学内容，或多或少都包含人文易的思想内容。从主体内容说，人文易的内容主要在义理易学的流派之中。但传统义理派的易学思想，也并不能都纳入现代人文易的内涵之中，而应该有所取舍。原则上讲，只有那些既符合人类共识，又与现代社会相适应的人道内容，才有可能纳入当代"人文易"的范畴之中，而有些与特定历史时代相联系的，尤其是专制社会以政治奴役人的思想观念与政治实践相一致的思想内容，从历史学的角度看是人文性的知识，但从"人文易"的哲学内涵上说，并不属于当代"人文易"的范畴。最突出的例子就是传统易学中"神道设教""天尊地卑，男尊女卑"的思想，它们不能作为当代"人文易"的具体内容（尽管宗教在当代生活中仍然有相当大的力量与市场）。因为这种义理性的思想，包含着不尊重广大民众，有把群众当作群氓的思想倾向，而当代社会所追求的人的自由、平等的理想，显然不允许执政者有愚化民众的思想

倾向。而《易传》中"天尊地卑，男尊女卑"的古典"伦文主义"思想，显然与今天"人文主义"所要提倡的男女平等思想不相适应，故而也不能作为当代"人文易"的思想内容。因此，当代的"民族魂"中也不应当有这种旧的精神。

就"人文易"的理论形态而言，我们承认，目前这一问题还处在构想阶段，很难有比较系统的想法，此处提出的还只是一种方向性的思考，即我们尝试从"人文易"的观念出发来建构"人文易"的理论思维模式。简要地讲，"人文易"的基本思维模式是"遵天道以启人道"，重视阴阳两种相反相成性质的要素或元素在一个统一体内的动态平衡，重视人的积极主动的精神。而所谓人的积极主动的精神与现代哲学的主体性还不太一样，这种精神是以尊重天地固有运动规律为前提下的"人谋"。而"人谋"包含各个方面，既有萧先生讲的忧患意识、革故鼎新的改革精神、进德修业的进取精神，也包含"极深研几"的把握先机意识，以及"解困通井"的化解危机意识，"同人于野"、谦者得众的包容意识与团结精神，富有日新的不断进取精神，还有既济未济的辩证开放、永不自满的清醒意识与"化成天下"的渐进式变革思想等等，不一而足。而这些既古老又常新的人文精神，亦当是当代"民族魂"中应有的思想内容。对于易哲学所包含的各方面的积极思想意识，从现代文化建设的时代要求出发，对其进行既不背离《周易》经、传文本，又不完全是简单重构的哲学阐释工作，使《周易》这部古老的经学、哲学著作在当代社会的文化建设中发挥其特有的思想价值。

在阐发人文易与民族魂的问题上，我们始终要在古今中西的广阔文化视野下来考察、发掘易哲学的当代意义，继承现代文化尊重个体的精神遗产，发展出一种"遵天道而启人道"的新人学，汲取传统象数、义理、占卜三分模式下易学研究的合理要素，将"人文易"坚持的"首在立人"的"新人学"思想进行多方面的阐述，以"新人学"为出发点，进一步探索"人文易"观念下的易管理学、易政治学与政治哲学，将古老的易哲学中包含的"各正性命""万国咸宁""保合太和"的人文理想以现代性的方式和更加符合现代人要求的方式展示出来，进而重铸我们当代的"民族魂"。

笔者在这里对萧先生"人文易与民族魂"问题的再阐述，不可能穷尽"人文易"这一观念内蕴的丰富内涵；在"人文易与民族魂"这一重大的理论问题上，也并没有进一步作出更加系统的阐发，而只是在量的层面增加了一些新内容，但我们将会接着对"人文易与民族魂"这一重大问题继续思考下去，去开拓易学研究新的思想境界，从而与当代考据易学形成一个良好的互动关系。

第二节
再论中国哲学史书写的
"纯化"与"泛化"的方法

　　依据萧萐父先生提出的"纯化"与"泛化"的两种哲学史研究范式，我们着力发掘并凸显清代哲学的形上学——"道论"思想，着重从"古典人文知识增长"的角度揭示清代学术，尤其是考据学的思想史意义，对于后现代一些思想家反对现代性的宏大叙事的观点重新进行哲学的反思，肯定其合理之处，同时也为现代性宏大叙事方式的合理性进行理论的辩护，并从学术研究方法与学术形态变化的角度，深化侯外庐、萧萐父诸先生的"明清早期启蒙说"。本节还就当代中国哲学新概念的生产方式作了初步的思考。

　　20世纪80年代末，萧萐父先生反省20世纪中国哲学史的研究经验时，曾提出哲学史研究"纯化"与"泛化"的关系问题。这一有关哲学史方法论的思考收入他1991年出版的《吹沙集》。萧先生所说的"纯化"，即是指"使哲学史纯化为哲学认识论史，以便揭示哲学矛盾运动的特殊规律"。他所说的

"泛化"，即是指"哲学史研究可以泛化为哲学文化史。以哲学史为核心的文化史或以文化史为铺垫的哲学史，更能充分反映人的智慧创造和不断自我解放的历程"。因为哲学从广义上说可界定为"人学"，文化，本质地说就是"人化"。[1]他的这一说法，与同时代冯契先生提出的"广义认识论"的说法，有着某种呼应关系。也是在这样新哲学史观的指引下，笔者对于明清哲学思想的研究，基本上遵循了以哲学史为核心，在学术史与思想史互动的格局下研究明清时期的思想特征。这是对萧先生"泛化"哲学史观的一种回应与实践。

比较而言，20世纪的明清学术研究中，梁启超、钱穆、余英时等人主要是学术史的进路，胡适、侯外庐、萧萐父等人主要是思想史、哲学史的进路。现代新儒家群体中的情况比较复杂，有偏重于学术史的，如熊十力、徐复观、刘述先等；有偏重于哲学史与思想史的，如唐君毅、牟宗三等。这些研究进路的差异，使得明清哲学思想的研究呈现出不同的面貌。我在《戴震、乾嘉学术与中国文化》一书中采用的进路，就是将"纯化"与"泛化"的方式结合起来，努力展示明清哲学思想的立体面貌。同时，在坚持侯外庐、萧萐父等人的"明清早期启蒙说"的同时，主要从学术、哲学思考方式转换的角度讨论中国早期的现代性，不再停留于社会政治、文艺思潮层面讨论中国传统文化的现代转换。

---

[1]　萧萐父：《吹沙集》，第410页。

一、"道论"与清代哲学史研究的"纯化"

为了揭示明清之际，特别是清代哲学区别于其他历史阶段，如宋明理学的面貌，我将这一时期的哲学形上学称之为"道论"或"道本论"，其典型人物可以戴震与章学诚为代表。一般的学术史与哲学史都特别重视戴震的"分理说"，尤其重视其反理学的政治化口号：'以理杀人'的说法。这些做法不能说是错的，但从哲学形上学的角度看，没有抓住戴震思想的实质。20世纪戴震哲学、思想与学术的研究，其主流倾向是将他塑造成一个反理学的哲学家形象，因为这一哲学形象，他既获得了额外的赞誉，也招致了现代新儒家很多不恰当的批评、攻击，甚至是谩骂。更为严重的是，在"反理学"的思维模式下，戴震哲学的自我特征被淹没了，而他的气论与道本论思想与广义宋明理学——张载以降的气本体论思想的内在联系，反而被遮蔽了。

作为哲学家的戴震，他不只是一般意义上的反对宋明理学，他要解构宋明理学中"理本体论"，将"理"下降为具体的"在物之理"，必须要重新建构一个新的哲学本体论，这个新哲学本体论并不是戴震的首创，恰恰是张载以来的"气化即道"的道本论思想的延伸。戴震提出了"道，恒赅理气"的命题，表明他在哲学本体论上是有明确的思考的，即将宋明理学的理本论与气本论综合起来，以古老的哲学概念"道"来统合

理、气本体论。而且，戴震还从传统哲学的名学思想中吸取了
思想资源，将中国哲学之"名"——概念从整体上分成两类：
一类是"实体实事"之名，一类是"纯粹中正"之名。用现代
的哲学语言来说，实体实事之名是表述客观实在的一类概念，
纯粹中正之名是表示价值规范的一类概念。而"道"这一根本
概念，从其内容看，是表示实体实事之名；从其为一切价值
之根源的角度看，又是表述纯粹中正的规范之名。因此，在戴
震的思想中，事实与价值，是与应当的关系，在源头上是统一
的。这一点颇不同于休谟要将此二者分开处理的思路。由此可
知，仅仅讲戴震的"分理"思想，而不理解戴震的"道论"思
想，其实是无法理解作为哲学家的戴震的思想的。20世纪的戴
震思想研究基本上忽视了戴震的"道论"思想。

更进一步，相对于中国传统的"道论"思想而言，戴震
"道论"思想的新颖之处在于何处呢？这是我们以往哲学史研
究、讨论得不够充分，甚至可以说是相对忽视的地方，我在
《戴震、乾嘉学术与中国文化》一书中也未清晰地加以论述。
此处可以略作一点补充。戴震"道论"思想超越前人的地方，
我想有两点：一是从宋明理学的传统看，他以"道论"统一了
气本论与理本论，在哲学理论上是一种综合；二是从实际存
在与价值规范二分的角度，将"道"分析为表述"实体实事"
与"纯粹中正"的两层意思，以前所未有的、清晰的哲学语言
把传统社会"天人合一"的思想阐述清楚了。特别值得肯定的
是，他将"人道"的"人伦日用"的客观性与天道的自然自在

的客观性作了一个合乎类比逻辑思维的推理，以证明人的一切感性需求的客观性，从而在哲学的层面上为人的欲望的客观性及其满足的合理性作了比较有力的理论辩护。因此，戴震在"理欲之辩"的问题上肯定欲望的合理性论证，相较于王夫之、陈确等人在此问题上的论证而言，更富有哲学的说服力。而这一切，都要依赖对其"道论"思想的整体把握。就笔者目前的阅读视野来看，在此点上，20世纪的戴震哲学与思想研究，还很少有人如此清楚、明晰地阐述其"道论"与其"理欲之辩"命题之间深刻的内在关系。

章学诚哲学思想的价值一直被低估了，历史学与清代学术史的研究多关注其"六经皆史"与"言性命必究于史"这两个著名的命题，很少有人讨论其作为哲学思想的"道论"思想，尤其是很少有人讨论其道论与其"六经皆器""六经皆史"两个命题内在的思想关系。就笔者的阅读所见，还很少有人从哲学思想方法论的角度讨论其"言性命必究于史"的命题所体现出的实证性的哲学思维方法。

作为哲学家的章学诚，其"道论"思想学界长期以来未能给予足够的关注。章氏的"道论"在哲学思想的形式上主要是继承宋明理学中理本论的思想形式，将"道"看作不可见的抽象实体。但是在"道"的具体属性上，他似乎又吸收了气化论的思想因素，将"道体"看作是变动不居的；尤其是在人道的问题上，他认为圣人所把握的也只是"道"变化、运动的轨迹，而不是"道体"本身，故而"六经"相对于"道体"而言，也只能是器，而不是道。诚然，"六经皆史"的观念不是章学诚的首创，但从"六经皆器"到"六经皆史"的思想过渡，以往学术界未能给予足够的关注，而这一点恰恰是章学诚重述"六经皆史"命题的新意之所在。由于相对于变动不居的道体而言，"六经"只能是道运动、变化的陈迹，是器，故每个时代的史学家应该根据变动不居的道，同时参酌"六经"的精神撰写属于自己时代的史著，从而去探究变动不居的大道。在这样的历史哲学的高度，章学诚提出史学家应该研究自己时代的历史，的确是一个具有思想突破意义的史学观念，而不能简单地看作是对现实之王的歌颂。相对于这一深邃的历史哲学而言，其具体的人道历史观——"三人居室而道形"的人道论，突出社会分工对于人道形成的意义，虽然有一定的新意，但若与孟子从社会分工的角度讨论君子与小人的关系相比较，其新意就非常有限了。而且，他的"三人居室而道形"的人道形成论，其实并不是基于历史事实的考察，而只是一种历史的想象与推测。其所说的"人"是抽象的、无性别的人，不是真实历史过程中的具体的感性的人。因此，这一命题对于人类认识自己的历史形成过程来说并无多少实质性的意义。

以上对戴震与章学诚"道论"思想的分析，可以说是本书从哲学史研究的"纯化"方面试图对明清哲学，特别是清代哲学的整体特征所作的新阐述，能否成立，期待学界贤达赐教。

二、"古典人文知识的增长"与哲学史研究的"泛化"

从哲学史研究的"泛化"角度看，如何将清代经学、史学的考据研究与哲学思想研究联系起来，是清代哲学研究中的一个大问题。对于此点，余英时已经有明确的思考，他提出的"儒家智识主义"概念就是试图来回答这一问题。而且，他的这一概念还与现代哲学追求知识的独立性的价值取向有关。余先生称自己的清代思想研究着重从"内在理路"出发。但是，他的"儒家智识主义"的说法，其实还是从隐性的现代性的宏大叙事立场出发，揭示清代考据学的现代意义。因此，我们认为，余先生在实际上并未完全做到从"内在理路"出发研究清代学术与思想，而是还有着"外在理路"的痕迹，即借助于科学与知识在现代社会与学术中的独立性来发掘清代"儒家智识主义"的价值与意义。相较于余先生的"儒家智识主义"的说法，我用"古典人文知识的增长"这一概念来揭示乾嘉时代经学考据与史学考据的思想意义，既有同于余先生之处，亦有不同的地方。相同之处在于，我们从不同的角度揭示了清代儒者对于知识的兴趣及其实际成就；不同之处在于，我未将这一客观化的学术活动所导致的古典人文知识增长的事实拔高为一自觉的正面理论追求——儒家智识主义。经学考据的实际结果，一方面使经学的附庸——训诂学逐渐成为一种显学，并初步形成了科学的形态；另一方面，经学的语文学（philology）研究的实际成绩，发掘了很多词汇，尤其是一些重要观念的多面意义，向清代的士人阶层展示了古代经典丰富的意义世界。其典型的代表作品有两部：王念孙的《读书杂志》与王引之的《经义述闻》。史学考据的实际成就，既纠正了官方正统史学著作中的一些错误，也发掘了一些新史实，从而也扩大并更新了当时士人对古典古代世界的认识，其典型的代表作品有三部：钱大昕的《廿二史考异》、赵翼的《廿二史札记》与王鸣盛的《十七史商榷》。

与"古典人文知识增长"的客观社会现象相联系的乾嘉时代的知识分类学的讨论亦颇具有象征意义。官方的《四库全书总目》沿袭古代的图书分类法，将经与经学置于四部分类之首，简化为经史子集四部，体现了"以治道为中心"的知识分类的哲学思想。但作为民间学者的知识分类观颇不同于官方的以图书性质从事知识分类的思路，而是就知识的性质来进行分类，提出了义理、考据、辞章的三分法，或义理、考据、辞章、经济（经世致用之意）的四分法。这一新的知识分类法，有利于学人摆脱经学思想的束缚，迈向新的学术研究途径。这一知识分类思想虽然并没有被官方接受，也未产生出相应的社会效果，但作为一种知识分类思想，却能较好地反映中国传统学术发展的内在逻辑，并预示着一种摆脱经学、追求新知的思想发展方向。

以往学术界研究乾嘉考据学兴起与繁荣的原因时，多从清代政治高压的外缘条件入手加以说明。这不能说是错的，但不够充分。余英时从"内在理路"的角度加以揭示，开辟了新的研究视角，这值得肯定。但他的具体结论却有待进一步商榷。清代学问不只是"道问学"而不"尊德性"，即使是主流形态亦不能这样说。更准确地说，清儒的尊德性有两条道路。一条是在道问学的过程中尊德性，如戴震在《答郑丈用牧书》中说："立身守二字曰不苟，待人守二字曰无憾"，在学术研究活动中，"不以人蔽己，不以己自蔽。不为一时之名，亦不期后世之名"，剔除"鄙陋之心"而"志存闻道"。[1] 一条是把尊德性与道问学分开，像惠栋所说的"六经尊服郑，百行法程朱"。惠氏所言，并不是个别学人的人生行为，而是那个时代学人的人生行动准则。其实，乾嘉考据学的兴盛还有更加内在的价值追求，即该时代的学人将求得"真知"看作是一种精神性的快乐。上述所引戴震的一段话，已经初步表达了乾嘉学人"为学术而学术"的精神，这种精神在章学诚的"道公而学私"的具体论述中亦可以找到同调，如章氏说："道之所在，学以趋之"[2]，"立言之士"只要传之其人，其道相同，就不必斤斤计较文章的命名权问题。这是一种非常高的精神境界，但更为直接地反映该时代学人以求得"真知"为人生价值归宿的是段玉裁说的一段话。他认为，如果求得真知，考核精当，求得一字一

[1] 《戴震全书》（六），黄山书社，1995年，第373—374页。
[2] 章学诚著，仓修良编注：《文史通义新编新注》，浙江古籍出版社，2005年，第206页。

句之安妥，也有"天地位，万物育"的气象，"近以自娱、娱亲，远以娱人"，甚至上可以神交古人，下可以神交后人。[1]像段玉裁这样的乾嘉学者将"真知"看作是人生的精神寄托的追求，恰恰是乾嘉学术近百年而不衰的内在精神动力之所在。

因此，在《戴震、乾嘉学术与中国文化》中，哲学史研究的"泛化"范围已经延伸人类的心灵史领域，将知识的追求与人生的信仰结合起来，不再是局限于哲学认识论的历史。在这一点上，接近萧先生的哲学是"人学"这一泛化的哲学史观。

三、现代性的宏大叙事与明清哲学的现代性问题再思考

当代国际学术界，后现代思潮十分强劲，在学术史领域，福柯、利奥塔等人极力反对现代性的宏大叙事，反对将人类的思想史进程描述成一个朝着我们走来的化约式的进化与进步的历程。他们的观点有合理之处。但是，现代性又是一个客观的社会历史事实，欧洲与中国等少数主要的民族，在成熟的农业文明基础上又的确开启了形式不同、性质相似的现代性的历史进程。以进化论、进步观等其他简化的形式来描述的现代性可能失之于简约，但现代性所蕴含的人类文明"进步"的

---

[1] 《娱亲雅言序》，《经韵楼集》（卷八），《续修四库全书》第1434册，第75页。

观念，在原则上是成立的。这无论就人的存在方式、技术的精密化、人的解放等不同角度来考察，人类文明从整体上表现为进步，或者文明化，是一个无法否认的事实。儒家思想特别强调人禽之别、文野之分，实质上也是持一种文明进步的观念，只是儒家没有发明朝向未来的、单线的历史进化观而已。在社会思潮领域，包括文艺领域，明清之际的现代性问题，梁启超、胡适、侯外庐、萧萐父及其弟子许苏民等人已经作了相当充分的阐述，特别是侯—萧一系的中国马克思主义学者，发掘了大量的经济史与思想史的资料，有力地论证了明清之际的早期现代性及其特征。从人的解放角度，萧先生用"反对伦理异化"的命题来概括明清之际早期现代化的思想性质与具体的历史内容，以别于近现代西方"反对宗教异化"的历史内容，揭示了中西现代性内容的"异中之同"与"同中之异"。

以往的学术史与思想史，对于明清的考据学，特别是清代的考据学，往往从"汉宋之争"的思维模式出发，来评判其得失。由于评判者或站在汉学立场，或站在宋学立场上来评价考据学，其争论的结果颇类似于庄子在《齐物论》中所批评的那样，既然同于甲或同于乙，或者异于甲或异于乙，就已经失去了评判甲、乙的资格。梁启超、胡适虽然在比较哲学与比较文化的视野里肯定了考据学具有实证、科学的特征，但考据学与处理自然事物的自然科学、处理社会问题的社会科学毕竟不一样，他们面对的历史文献或古代的书面语言及其词汇，其科学性究竟有什么自身的特点，梁、胡二位先贤并未来得及作深入的思考。笔者曾着重分析过明清学术、思想中的历史事实还原、文本真相还原、词汇意义还原等学术研究的特征，进一步揭示了这一"还原"的学术研究目标所包含着的"求真"精神，进而揭示了明清学术，特别是乾嘉学术活动中所包含着的科学精神。在比较哲学的视野里，笔者尝试运用"人文实证主义"的方法来概括明清学术，特别是乾嘉学术研究活动中的科学精神。明清时期的学者，特别是乾嘉时代的学者，绝大多数是人文学者，即使像方以智、戴震这样少数懂得数学史、古代技术史的学者，也不是科学家，而只是科学史家，他们的主要研究领域也还是经学。他们的实证方法与手段，与宋明时期学者相比，更具有科学性，但与近现代自然科学通过实验手段而获得证据的实证方法还是有很大区别的。但是，他们在史料研究、语文学资料的使用过程中，的确又采用了科学的归纳方法，语言的历史性与区域性等客观性材料，不再是纯粹的思辨，更不是根据经学的原则来作结论或解释。因此，他们在历史学、历史语言学、语义学等领域里，取得了一些带有一定普遍性与正确性的研究结论，为后人的进一步研究提供了相对可靠的历史前提或出发点。为了区别于现代西方哲学的"实证主义"哲学及其方法，同时又照顾到明清学术中的科学特征，笔者尝试运用了"人文实证主义方法"这一概念，并将其作为一个时代的哲学思想方法，以彰显该时代思维方式的突出特点。

四、余论

在一次小型讨论会上，有学者指出，乾嘉学术对于现代中国学人的影响，应该写黄侃而不应该写王力，写余嘉锡而不应该写顾颉刚。这一说法有一定道理，但也不尽然。其实，乾嘉学术对于中国现代学术的影响是全方位的，很难面面俱到。比如，本书在戴震部分触及"人文实证主义"方法与"大其心"方法之间的张力，但如果将"人文实证主义"方法作为该时代哲学的主要方法，那么如何处理其他学者如焦循、章学诚等人提倡"性灵"的主观性、主体性方法之间的张力，这是可以进一步拓展的研究领域与学术问题。

笔者深感重要的是另一个问题，即如何运用现代汉语创造一些有思想活力的现代学术概念与哲学概念，改变现代汉语与现代哲学新概念过于依赖西方哲学翻译与学术著作翻译的现象。当代中国有些学者曾抱怨现代汉语在哲学研究中缺乏词汇的生成能力，不像英语那样从一些旧的词根生成出新的哲学或学术术语。这种抱怨在一定的程度上有它的合理性。毕竟，现代汉语与古代汉语之间有一定的隔阂。但如果巧妙地利用汉语构词的灵活性，如两个名词叠加，亦可构造出新汉语哲学词汇，而不必一味地要从古代汉语造出现代汉语哲学的新词，如萧先生构造的"伦理异化"，刘笑敢在研究老子思想时构造的"人文自然"，笔者构造的"人文实证主义"等，似乎可以为现代汉语哲学词汇与学术语汇的创造提供一点借鉴意义。实际上，现代汉语通过两个名词叠加而构造新词的方式，在原理上并不违背古代汉语的两个名词叠加而构造概念的方法，如古代汉语中的道德、心术、道术、方术、技术等，都是如此构成的。不仅如此，有些旧概念如"天下"，亦可像赵汀阳那样，通过新的哲学思考，赋予它新的时代意义。因此，当代中国的人文学术，在出入中西古今的宏大视野里，以解决问题为中心，广泛吸取现代西方哲学、马克思主义哲学，包括本民族的现代哲学精神，运用现代汉语重塑中国学术、中国思想、中国哲学的新话语体系，而不只是依赖翻译来增加新词，这不仅是可能的，而且也是现实的。本书在写作的过程中所创造的一些学术新词能否经得起现代汉语学术的检验，笔者也将拭目以待。

第五章 "早期启蒙说"与"新人学"的哲学观之雏形

有关萧萐父先生的"早期启蒙说",学术界已经有很多评论性的文章,肯定者有之,质疑甚至是否定、批评者亦有之,但都能言之成理,持之有故。一种真正的学术观点或主张,特别是哲学性的观点与主张,面对这样的学术遭遇,往往是再正常不过的事情。学术之事,百家争鸣,是学术应有的常态。相较而言,萧萐父先生晚年提出的"新人学"主张,往往隐而不彰。尤其是将其"早期启蒙说"与其"新人学"思想结合在一起来讨论的做法,更是凤毛麟角。在写作本章时,回想先生晚年几次问我对"哲学是人学"的说法怎么看的问题时,我都说这个说法太宽泛,不利于澄清哲学是什么的问题。现在想起来,深感惭愧,未能理解先生晚年学术旨趣的变化。今重读先生的相关哲学论述,特别是受郭齐勇教授新著《萧萐父与早期启蒙说——探寻中国式现代化的源头活水》相关解读的启发,在此将萧先生的"早期启蒙说"与其"新人学"思想结合在一起讨论,以更新本人在十几年前对萧先生"早期启蒙说"的论述。[1]

---

[1] 吴根友:《萧萐父的"早期启蒙学说"及其当代意义》,《哲学研究》2010年第6期。

第一节
萧萐父"早期启蒙说"的主要意旨

　　就我个人目前的理解来看，萧先生的"早期启蒙说"可以从两个层面来加以把握：一是他对"早期启蒙说"内涵的界定；二是将"早期启蒙说"作为一种考察中国传统文化的特殊视角，进而阐发中国文化自我发展的规律，以及在中国现代化的过程中如何正确处理传统与现代的关系，这就是他提出的"历史接合点"（不是"历史结合点"）的问题。

　　就第一个层面的意思来说，与侯外庐先生的"早期启蒙说"相比，萧先生的"早期启蒙说"旨在突出发端于明清之际的"早期启蒙"思想所具有的一般性的批判意义，即当旧社会还未解体，新的思想萌芽已经产生，而且这种新思想与历史上所有阶段或学派的"异端"思想不一样，是特指中国传统社会旧的生产关系行将解体，具有资本主义萌芽性质的新思想在旧的社会母体内展开了对旧的思想体系之批判，而呼吁一种新的社会生活图景。因此，早期启蒙思想所具有的哲学一般意义在于其所具有的"批判"特质，而这种具有哲学一般的"批判"

特质并不能泛指一切社会阶段转型时期新思想对于旧思想的批判，更不能泛指一切社会发展阶段内的新思想——往往是"异端"思想对于旧思想的批判，而只是特指与中国早期资本主义萌芽相适应的新思想对于中国传统社会旧思想的批判。因此，萧先生的"早期启蒙说"是蕴含着一定的哲学普遍意义而又有着中国社会特定阶段历史内容的思想论断，既不可以简单地将其与康德等代表资产阶级启蒙思想的哲学相比拟，也不可以简单地将其看作是对侯外庐"早期启蒙说"的模仿与沿袭，但又包含着他之前诸启蒙说的一些合理的要素在其中。如萧先生认为：

> 思想启蒙、文艺复兴之类的词，可以泛用；但纳入马克思主义的历史科学，应有其特定的涵义。狭义地说，十四世纪以来地中海沿岸某些城市最早滋生的资本主义萌芽的顺利发展，以及由于十字军东征，关于古希腊罗马文献手稿和艺术珍品的大批发现，促成了意大利等地出现空前的文艺繁荣。好像是古代的复活，实际是近代的思想先驱借助于古代亡灵来赞美新的斗争，为冲决神学网罗而掀起人文主义思潮。"在惊讶的西方面前展示了一个新世界"，使得"中世纪的幽灵消逝了。"正是在这个意义上，文艺复兴又被广义地理解为反映资本主义萌芽发展、反对中世纪蒙昧主义的思想启蒙运动。[1]

---

[1] 萧萐父：《吹沙集》，第10页。

面对学术界对于"早期启蒙说"的误解、质疑与反思甚至否定，萧先生在其晚年所编的《吹沙三集》的"自序"里，作出了明确而坚定的回应。自序的原文可从三个层次来加以把握，第一个层次是回应学界对于"早期启蒙说"的"反思"与"超越"：

> 既曰"反思"似乎就应当是"文化热"的消退；"反思"这里隐含对于80年代文化思潮中启蒙取向的后退和拒斥。有一种所谓"超越模式"的提出，他们把文化启蒙心态视为"有问题的心态"，认为只有取消、解构启蒙，才能进入"正常发展"。对此，作者未敢苟同。所以，在《吹沙三集》中作者仍然坚持早期启蒙思潮，并进一步论述它与中国现代化的关系。[1]

第二个层次则进一步申述自己坚持"早期启蒙说"的学术理由与哲学思考：

> 坚持早期启蒙说，是为了从16世纪以来我国曲折发展的历史中去寻找传统文化与现代化的历史接合点，寻找我国传统文化的现代转化的起点。如实地把早期启蒙思潮看作我国自己文化走向现代文明的源头活水，看作中国文

---

[1] 萧萐父：《吹沙三集·自序》，第1页。

化自我更新的必经历程，这样我国的现代化发展才有它自己的历史根芽，才是内发原生性的而不是外铄他生的；如果不是这样如实地看待和尊重这段文化自我更新的历史事实，而把中国文化看作一个僵化的固定不变的"体"，我们势必又会陷入"被现代化"、"被西化"的体、用割裂的处境。正视并自觉到明清之际崛起的早期启蒙思想是传统文化中现代化价值的生长点、是正在成为我们中国文化自我更新之体。这样，我们才可能自豪地看到近代先进的中国人既勇于接受西学、又自觉地向着明清之际的早期启蒙思想认同的形象是多么光彩和大气；"外之不后于世界之潮流，内之弗失固有之血脉"是多么强的文化自信。[1]

第三个层次则是从"早期启蒙说"出发，泛观中国思想史的发展规律，强调历史与中国现代化发展道路一样，颇有以"早期启蒙说"为方法的意味：

> 然而中国的现代化发展道路，正如它的历史发展道路，也不应当是一元的和单轨的，而应当是多元的、多轨互通的……从历史上来看，早在楚简中我们就已经可以看到儒、道由互黜而又互补的思想，此后中国历史的发展，

---

[1] 萧萐父：《吹沙三集·自序》，第1—2页。

文化和社会生活都呈现一个多元发生、多极并立、多维互动的态势。丰富多彩的和而不同，恰是中国和谐文化的核心思想。[1]

除了"序文"里的正面表述，《吹沙三集》还特地收录了两篇纪念吕振羽、侯外庐的文章，并收录了两篇没有标明写作时间的长文——《王夫之经济思想发微》[2]《船山人类史观述评》，以充实、丰富他本人对"早期启蒙说"的思考。作为萧先生早期重要弟子之一的郭齐勇教授，在最近出版的著作中也明确地表示，他本人过去也忽略了萧先生"早期启蒙说"方面的一些内容，而"开始重视全面地理解萧先生的启蒙论域"[3]，

---

[1] 萧萐父：《吹沙三集·自序》，第2页。

[2] 依我个人的初步考订推测，此文当作于1991年到2001年的十年间，从《船山哲学引论》一书收录的评论李守庸《王船山经济思想研究》一书（作于1989年，与吕有祥合著）的文章来看，该文没有触及对李著中有关船山经济思想所具有的早期自由经济思想之抉发的缺失的评价，书评最后一句的批评性意见，基本上含蓄地批评了该书没有发掘船山"破块启蒙"的思想，显得比较拘谨而已。又据《王夫之评传》的跋语中"承担这本《王夫之评传》的写作，原是十年前应匡亚明老同志之面嘱"一语推测（该跋语写于2001年8月），向前推十年，当是1991年左右接受了匡亚明的"面嘱"。今本《王夫之评传》于2002年出版，其中第六章"政治经济思想"中的有关王夫之经济思想的论述内容，基本上与《吹沙三集》的《王夫之经济思想发微》一文内容相重合而略有不同。许苏民教授曾私下里对我说，《王夫之评传》主要是根据萧先生的一些稿子内容整理而成的。这虽然是谦词，因为有些材料显然是他新发掘的，如关于王夫之在政治思想方面对于批评周文王是专制政治老鼻祖的材料；但也是实词，如王夫之的经济思想、历史哲学思想等。

[3] 郭齐勇：《萧萐父与早期启蒙说——探寻中国式现代化的源头活水》，人民日报出版社，2023年，第94页。

以隐性与显性的两层表现形式来重新诠释萧先生的"早期启蒙说"。下面我将以郭齐勇教授对萧先生"早期启蒙说"的解读为基础，来进一步阐述其"早期启蒙说"与"新人学"的哲学观。

第二节
"早期启蒙说"对西方"启蒙"
理性的反思与对人的全面性之追求

　　"早期启蒙说"在学界遭到误解，或与自己的同辈学人、好友的"启蒙反思说"构成一种理论的反对派，因而形成一种学术的张力。在现当代西方学术界，出于对启蒙理性所形成的理性专制的哲学反思，后现代思潮中有一股强烈的反思启蒙的思想潮流。这一思想潮流对二战以后的欧洲工业及其文化的反省，正得其时——虽然这些反思启蒙的论述未必尽显现代欧洲资本主义发展新阶段之弊病，但这些反省还不太切合萧先生的"早期启蒙说"的论述。因为，萧先生的"早期启蒙说"的主旨不再是简单提倡思想的启蒙，而是在于论述马克思主义"现代化"理论中具有全球意味的普遍的现代化运动在中国是否有内在的根芽问题。就此一问题而言，他继承了侯外庐有关中国有早期启蒙思想的论述，承认并接受马克思历史唯物主义的基本原理，并根据这一原理极力发掘与中国早期资本主义萌芽相适应的新思想——称之为"早期启蒙"思想。在此基础上又进一步论述，中国的现代化不应当是被动的现代化，而应当积极地从自己的民族传统里寻找固有的历史生长点，展开既具有世界意义，又具有中国特色的现代化运动。而后面这一层的思想旨趣，在侯外庐的"早期启蒙说"中不能说完全没有，而是比较微弱。其主要的原因是两人的历史生存境遇有一定的差异。

因此，萧先生的"早期启蒙说"在理论上继承了侯外庐的基本论断，即他们共同承认中国有自己的早期资本主义萌芽的经济现象出现。其次，都直接或间接地反对20世纪20年代以来中国学术界比较盛行的"全盘西化"论。当然，这一学说在学理上也就合乎逻辑地否定了西方学术自19世纪以来所盛行的"中国社会停滞论"（以黑格尔、马克斯·韦伯为代表），以及中国现代新儒家以儒家文化为本位的"文化本位论"思想。但由于与侯外庐所处的历史环境不一样，萧先生的"早期启蒙说"包含有更多的反思现代西方启蒙思想内容在其中。对于这一新的思想面向，郭齐勇教授在《萧萐父与早期启蒙说——探寻中国式现代化的源头活水》一书中，有比较详细的解释。其中绝大部分论述，我都比较认同，如郭教授认为[1]，萧先生的

---

[1] 郭教授在书中说，萧先生晚年否定自己是侯派的学者，"有人认为萧萐父属侯外庐学派，但他晚年否定了这一点，强调其曾受侯外庐先生的影响，但也受到过汤用彤先生的影响，甚至受后者的影响更大。"（郭氏著，第32页）这句话可以这样理解，他的思想来源是多系的，不只是侯外庐一系的。他自己晚年特别喜欢"尚杂"、多元的观念，又提出"积杂成纯"的理想。因此，这句话既不表明他不承认侯外庐的"早期启蒙说"的贡献，自己的"早期启蒙说"与侯外庐的思想没有关系，也不意味着他要与侯外庐的"早期启蒙说"决裂。他主要是担心人们把他的"早期启蒙说"仅仅看作是对侯外庐思想的简单继承或袭用。

"早期启蒙说"本身就包含着"启蒙反思"的内容：

> 由于萧萐父有非常深厚的人文底蕴，又处于今世，故他的启蒙观，尤其表现在对天与人的关系，人的终极信仰，人与自然，以及有关人的全面性、丰富性的阐扬上。人不是单面的人，人不只是个体的权利、利益、智力的集合体，启蒙也不意味着个体的权利、知性与个性自由的无限膨胀，这不仅与近代西方启蒙理性的人的觉醒不同，而且包含批评人类中心主义，批评工具理性与原子式的个人主义。在这个意义上，萧先生的启蒙论说包含启蒙反思。[1]

郭教授还进一步考察了萧先生思想、精神中的"显隐"两层，认为其"显性"是"走出中国中世纪"，而其"隐性"则是"走出西方现代性"，"这两层交织一体，适成互补"。[2] 最后，郭教授从萧先生所处的世界环境、中国处境，以及他本人所具有的诗人哲学家的三重背景出发，再一次强调了萧先生"早期启蒙说"所包含着的"启蒙反思"的内容：

---

[1] 郭齐勇:《萧萐父与早期启蒙说——探寻中国式现代化的源头活水》，第101页。

[2] 郭齐勇:《萧萐父与早期启蒙说——探寻中国式现代化的源头活水》，第108页。

但我们不能忘记的是，萧先生是一位东方的、中国的、有底蕴的知识人，其论说启蒙的时代又是20世纪80年代至21世纪的开端，在现代性的弊病暴露无遗之际。在这种背景下，由这样一位中国杰出的诗人哲学家，一位生命体验特别敏锐的思想家来论说启蒙，其启蒙意涵已不是西方近代启蒙主义的内容，而恰恰超越了启蒙时代的启蒙精神，包含了诸多反思启蒙或启蒙反思的内容。他实际上有着双向扬弃，意在重建中华文化的主体性。看不到这一点，那就低估了萧先生的思维水平与他的启蒙论说的意义。[1]

在此基础上，郭教授又比较详细地述介了萧先生作为"一位全面的现代知识分子"的人格形象，以自己的亲在体现了其"新人学"的理想。郭教授对萧先生的整体人格形象作了如下概述：

现代社会使有的人成为片面或单面的人，使有的知识人堕落成为人格分裂的人。形成鲜明对照的是，萧萐父是全面的人，是保存了古代遗风的刚正不阿的现代知识分子。他有强烈的现代意识而又有深厚的传统底蕴，是集知

---

[1] 郭齐勇：《萧萐父与早期启蒙说——探寻中国式现代化的源头活水》，第109页。

识分子、思想家、学者、教师、学科带头人、文人于一身的人物。今天我们研读萧萐父的著述，可以感受到他用思想家的眼光来考察思想史、哲学史，他是有思想的学问家，也是有学问的思想家。[1]

接下来，郭教授从作为学者、知识分子、思想家、教师、学科带头人、文人六个方面，展开了萧萐父先生作为"一个全面的人"的具体内容（下面仅作扼要概述，详细内容可参见郭氏原著）。

郭教授说："作为学者的萧萐父，堂庑很宽，学风严谨，所谓'坐集古今中外之智'。"[2]而作为知识分子的萧萐父"从青年时代开始追求民主、自由，积极参与20世纪40年代末的民主运动；一生坎坷，始终关心国家与人类的命运；在动荡的年代，既被批判也批判别人，用他自己的话说，'曾经目眩神移，迷失自我'……晚年，一再呼吁知识分子独立不苟之人格操守的重建，倡导士人风骨，绝不媚俗，并身体力行"[3]。而作为思想家的萧萐父，主要"致力于发现与发掘中国文化思想内部的现代性的根芽，因此与持西方中心主义的启蒙论者、食洋不化

---

[1]　郭齐勇：《萧萐父与早期启蒙说——探寻中国式现代化的源头活水》，第28页。

[2]　郭齐勇：《萧萐父与早期启蒙说——探寻中国式现代化的源头活水》，第32页。

[3]　郭齐勇：《萧萐父与早期启蒙说——探寻中国式现代化的源头活水》，第30—31页。

者划清了界限","重在表彰那些不被历代官方或所谓正统文化重视的哲学家、思想家,重在诠释、弘扬在历史上提供了新因素、新思想、新价值的人物的思想,因此与泥古或食古不化者划清界限。"[1]

而作为一位现代大学的教师、学科带头人,同时又具有古代文人气质的萧先生,其所表现出的经师与人师的身份统一,学科带头人的学术敏锐性与襟怀,文人的文采风流,在现当代的中国大学里其实是不多见的。郭教授说:"作为教师的萧萐父,一生教书育人,认真敬业,倾注心力;提携后进,不遗余力。他对学生的教育,把身教与言教结合起来,重在身教。他强调把道德教育、健全人格的教育,放在首位……他一再主张,要甘坐冷板凳。"[2]而作为学科带头人的萧先生,他"有着开放、宏阔的学术视野,杰出的组织能力……敏锐地把握海内外学术界的动态,让本学科点的老师与学生拓宽并改善知识结构,通过走出去与请进来的方式,实现并扩大对外交流,虚怀若谷地向海内外专家请益"[3]。而且,郭教授还特别表彰了萧先生作为学科带头人应该具备的德性与德行:"他有凝聚力,善于团结、整合学科点老中青学者,以德服人,尊重差异,照顾

---

[1] 郭齐勇:《萧萐父与早期启蒙说——探寻中国式现代化的源头活水》,第31页。

[2] 郭齐勇:《萧萐父与早期启蒙说——探寻中国式现代化的源头活水》,第32—33页。

[3] 郭齐勇:《萧萐父与早期启蒙说——探寻中国式现代化的源头活水》,第33页。

多样，和而不同。他有全局的观念与团队精神，事事考虑周围的人。"[1]而作为文人的萧先生，他"兼修四部，文采风流，善写古体诗词，精于书法和篆刻，有全面的人文修养与文人气质"[2]。也正是因为萧先生本人是一个"全面的知识分子"，他对现代大学分科过细的教育方式，也提出过批评。

郭教授上述有关萧先生"早期启蒙说"的重新解读，以及对萧先生作为一个"全面的知识分子"形象的勾勒，是珞珈中国哲学第二代学人对于萧先生"早期启蒙说"的最新解释。这一新解释为消除萧先生"早期启蒙说"与杜维明"反思启蒙心态"诸论说之间的学术张力，提供了一种比较可取的解释思路。尤其将萧先生的"早期启蒙说"所具有的对启蒙反思的内容落脚于"人的全面性"之追求上面，以拯救18世纪启蒙理性在历史效应方面所造成的"单向度的人"的不足。这一解释路径及其具体的论述，既深化了人们对于萧先生"早期启蒙说"的认识，也与萧先生20世纪80年代后期试图建立"人学"或"新人学"的哲学致思方向大致合拍，凸显了萧先生哲学思考过程中一直保持着对中国文化的主体性（包含中国哲学主体性）不懈的精神追求。

---

[1]　郭齐勇：《萧萐父与早期启蒙说——探寻中国式现代化的源头活水》，第33页。

[2]　郭齐勇：《萧萐父与早期启蒙说——探寻中国式现代化的源头活水》，第33页。

第三节
"诗化哲学""新人学"与
萧萐父的新"哲学"观

　　伴随着工业革命和全球商业贸易所带来的巨大物质财富，现代欧洲人在文明方面逐渐形成了优越感，欧洲文明中心论也逐渐在学术界兴起。而中国因为在1840年以后多次战争中，绝大多数均以失败告终，故在文化上也逐渐丧失了自信心。20世纪以来有关"中国哲学"这门学科性质与特征的诸讨论，大体上可以从一个侧面反映中国人的精神从依傍西方到逐渐寻找自己民族独特的关于"哲学"理解的过程。比较简洁地讲，20世纪中国哲学界有关"何谓哲学"问题的讨论与认识，大体上可以分为非马克思主义的哲学观和马克思主义的哲学观两大类。非马克思主义的哲学观可以从胡适的到冯友兰的再到现当代的港台新儒家的，大体上又可分为三大系列；而马克思主义哲学观，则可以从李大钊、侯外庐等的早期的马克思主义哲学观说起，再到20世纪80年代以后由教育部颁发的"马克思主义哲学基本原理"一类教科书中的马克思主义哲学两个阶段。

而以毛泽东等人为代表的中国马克思主义思想家，他们有自己的哲学思想，但未必有学科意义上的"哲学观"，故暂时不表。

作为20世纪60年代逐渐在中国哲学史上崭露头角的萧萐父先生，他的哲学观的形成也有一个从初步的中国式马克思主义哲学观，到逐步形成中国化的马克思主义哲学观，再到他自己晚年综合古今中外有关哲学的主要观点，而尝试提出"人学"或"新人学"思想，试图建立自己的哲学观的过程。这一新的"哲学"观，主要体现在他对诗化哲学的追求，以及"人学"与"新人学"观念的提出这两个方面，而其整体的哲学观则表现为"人学"或"新人学"。

20世纪90年代形成明确的"诗化哲学"观之后，他开始运用这一哲学观来考察历史上哲学家思想中的诗性。在2001年9月7日"熊十力与中国传统文化国际学术研讨会开幕词"的最后两段文字中，就比较集中地阐述了熊十力哲学中的诗意。现摘出其中的一段论述，以窥斑见豹。在《熊十力全集》出版后，他发现熊先生在杭州大学所住的"漆园"内的自题堂联——"白首对江山，纵横无限意；丹心临午夜，危微俨若思"没有收录进去，就十分感慨，说道：

> 沧海遗珠，实大憾事。熊先生是性情中人，他的哲学富有诗意。这四句诗化联语，意蕴甚深，如联系他当时自号"漆园老人"，又写《漆园记》以见志（《漆园记》原发表于《学原》，现录存《全集》第八卷），其中大有深意可

探，实为熊先生作为一代哲人、面对历史风涛，不忧、不惑、不惧，坦然的心灵独白，很值得我们细心咀嚼。[1]

"人学"或"新人学"等概念，大约出现于20世纪80年代后期至90年代后期的一些文章中，这种"人学"或"新人学"的观念，其实就是萧先生的"哲学"观。而其哲学观就是在一些学术性的文章中通过对现代哲学史上重要人物思想的解读而表达出来的，因而也可以视之"即哲学史讲哲学"这一类的哲学创作和表达方式。

在1988年《论唐君毅之哲学史观及其对船山哲学之阐释》一文中，萧先生通过剖判各家对于唐君毅学术与哲学思想的定性，肯定了各家的所见所是，也含蓄地指出了他们各自认识的不足，然后将唐君毅的哲学思想看作"人学"。在萧先生看来，唐君毅之学可以从三个层次来加以认识，第一是"道德自我之建立"，第二是"人文精神的阐扬"，第三是"文化价值的哲学升华"：

> 约而言之，从道德自我之建立到人文精神的阐扬，再到文化价值的哲学升华，围绕着人，开展出人生、人心、人性、人格、人伦、人道、人极、人文的多层面的慧解。以人对物质欲望等个体生命的超越为出发点，又以人的文

---

[1] 萧萐父：《吹沙三集》，第28页。

化创造作为人的主体性的实现并视为哲学终极关怀的归宿。君毅之学，人学也。[1]

从后人来看，萧先生将唐君毅的哲学思想归结为"人学"，既是他本人对唐君毅哲学思想特质的一种学术提炼，也是他本人对"哲学即人学"的哲学观在唐君毅哲学思想研究中的一种投射。结合 1995 年在宜宾召开的唐君毅思想国际研讨会上的发言，萧先生还将唐君毅以"人学"的形态来表达哲学的思想特质追溯到其父亲唐迪风的思想遗愿之中。该文披露，君毅之父唐迪风先生（46 岁就去世了）颇好道家思想，晚年著有《诸子论释》诸书，又曾"拟著《人学》一书，未果愿"。[2]迪风先生作为萧先生的师长辈，其遗愿实际上也是萧先生想要去实现的一种精神目标，故在评价具有同乡且道友性质的哲人唐君毅的哲学思想特质时，不忘前辈的遗愿，特别予以标出："迪风先生于世纪初拟著《人学》之宏愿，终由君毅继志述事、积学求真，以'充实而有光辉'之形态完成之。"[3]

其次，在《吹沙三集》中收录的长文《船山人类史观述评》（此文作于 1990 年左右）[4]中，将船山的史学归结为关于人的学问。有两处总结性的文字可见一斑，摘录如下：

---

[1] 萧萐父：《吹沙集》，第 543 页。
[2] 萧萐父：《吹沙二集》，第 488 页。
[3] 萧萐父：《吹沙集》，第 543 页。
[4] 此文没有注明日期，初步考订当为 1990 年前后的作品。

　　船山关注的中心始终是人，所谓"天地之生，莫贵于人矣"。天授命于人，天命无心而人命有心，"人有心而制命"，故人"知天，知人之天"而事天、应天，而以立命。立命在于知人之道。知人之道，"其参天矣夫"，故可"语相天大业"。[1]

　　因此，唯有"人"才是最重要的。"我者，大公之理所凝也。"确立自我主体的精神，凸显主体的意义才是船山史学思想的意义所在，才是其史学思想方法的根本核心所在。[2]

　　船山的史学内容极其丰富，其思想核心是否可以归结为萧先生所认定的"人学"，作为一个学术问题，其实是可以讨论的，也不必强求其他人都认同萧先生的一家之言。但从萧先生关于船山史学旨趣的贞定似乎可以看出，他是在将自己关于"哲学即人学"的哲学观投射到船山的史学研究之中，这大约也就是我们常说的，真正的哲学史研究需要有哲学的意思之体现。

　　在其晚年与许苏民合著的长篇论文——《"早期启蒙说"与中国现代化——纪念侯外庐先生百年诞辰》(先是《明清文

---

[1] 萧蓑父：《吹沙三集》，第141页。
[2] 萧蓑父：《吹沙三集》，第170页。

化名人丛书》的序文）中，明确地将世界范围内的现代"启蒙"思想文化运动视为人的解放运动，并最终归结为一种"新人学"。首先，他对启蒙运动的性质作出了自己的规定，说道：

> 启蒙，是15世纪以来世界历史的主题。启蒙的核心是"人的重新发现"，是确立关于人的尊严、人的权利和自由的人类普遍价值的公理，特别是确认每一个人都有公开地自由地运用其理性的权利，并且以人道主义原则为人类社会至高无上的原则和普世伦理的底线，反对任何形态的人的异化。[1]

其次，他将康德的"启蒙"思想与马克思主义历史唯物主义的实践观念结合起来，将自康德到马克思的关于启蒙运动的现代性质归结为使人从长期被"专制蒙昧扭曲了的人'解放成为人'"：

> 康德是以人的内心的实践理性为人类自身立法，马克思则直接以人类的历史实践为人类自身立法。从人类的实践中，马克思看到人的本质在于自由自觉的活动，而启蒙理念正是人类历史实践发展到近代的必然产物……启蒙者的理论正是人类长期历史实践的结果，是人类的历史实践

---

[1] 萧萐父：《吹沙三集》，第40页。

赋予了启蒙理念以人类普遍价值之公理的意义。在马克思看来，只有确认人类普遍的公理，人才成其为人，亦人能使被长期的专制蒙昧扭曲了的人"解放成为人"。[1]

最后，萧先生将自己的"早期启蒙说"和"传统与现代之历史接合点"的两点论说，归结为一种"新人学"，这既是对侯外庐"早期启蒙说"的一种理论的发展，也是对自己在20世纪80年代提出的"早期启蒙说"的一种理论的突破与更新。他说：

> "早期启蒙说"及关于"传统与现代之历史接合点"的论说，逻辑地指向当代中国哲学的"新人学"的建立。在中国现代哲学史上，有冯友兰先生的接着程朱理学往下讲的"新理学"，有贺麟先生的接着陆王心学往下讲的"新心学"。当新理学、新心学问世之时，侯外老独辟蹊径，表彰明清之际"个人自觉的近代人文主义"思想，安知他没有建立一种接着早期启蒙学者往下讲的"新人学"之意？[2]

文章以反问的口吻说侯外老可能已经建立了不同于新理

---

[1] 萧萐父：《吹沙三集》，第54页。
[2] 萧萐父：《吹沙三集》，第56页。

学、新心学的"新人学"，显然是在借侯外庐"早期启蒙说"的再解释，来表达属于自己的关于"早期启蒙说"的新认识。接下来，萧先生就正面地表达了自己的"新人学"思想：

> 我们认为，从李贽呼吁复"童心"、做"真人"，到王夫之"依人建极"、怒斥"申韩之儒"，至戴震提出"血气心知"的人性学说、批判"以理杀人"，其理论归趋无不通向扬弃伦理异化的新人学的建立，与同时期以"人的发现"为主题的西欧思潮的变迁具有本质上相通的东西方可比性。接着李贽、王夫之、戴震、龚自珍往下讲，既坚持了中国哲学自我发展和更新的主体性，又有利于融摄自文艺复兴以来西方哲学的一切积极因素，从而创造出一种根于自己的文化传统的新哲学。[1]

值得注意的是，萧先生以"新人学"为具体内容的"新哲学"理想，不是单纯的思辨哲学体系，而是基于中国化的马克思主义的社会实践论与辩证法精神，通过"人的现代化"来促进我们"社会的现代化"。萧先生说：

> 接着侯外老的启蒙说往下讲，认真记取侯外老关于中

---

[1] 萧萐父：《吹沙三集》，第56页（按：此段引文，原文中龚自珍与戴震次序是颠倒的，引文作了一点修正，将戴震放在前面了，特此说明）。

国之现代化何以"难产"的深刻见解，坚持"首在立人"
的启蒙事业，以人的现代化促进社会的现代化，正是历史
和时代赋予我们的庄严而崇高的使命。[1]

由上所引的文献可以看出，将萧先生的"早期启蒙说"与
"新人学"的哲学理想结合在一起加以考察，既可以看出他的
"早期启蒙说"与侯外庐的承继关系，又可以看出他对侯先生
学说的新发展，更可以看出他的"早期启蒙说"内在蕴涵着
的对18世纪欧洲启蒙思想，以及现代资产阶级有关启蒙理性、
现代性的弊端的诸反思内容，而不是这些学说的中国式翻版。

萧先生的"早期启蒙说"包含着深广的历史内涵与前瞻性
的指向。就历史内涵而言，主要表现在两个方面：一是肯定中
华文化之体是变动不居的活的生命体，具有内在的自更新的生
命力；二是中国的现代文化需要与自己民族传统里活的、具有
长久生命力的内容结合起来，他称之为"历史接合点"——类
似接力赛过程中的运动员的交接棒动作，一代一代地接下去，
十分生动形象，而不是机械的"结合点"。[2]就前瞻性而言，亦

---

[1] 萧萐父：《吹沙三集》，第57页。
[2] 参见李维武《早期启蒙说的历史演变与萧萐父先生的思想贡献》[《武汉大学学报》（人文科学版），2010年第1期）]一文中相关论述。但我不太同意李文中所说的"早期启蒙说"的"式微说"。我个人认为，当代中国政府提出的"中国式现代化"的政治目标，在一定程度上正是侯外庐、萧萐父两代人在学术上所追求的中国现代化的理论观点变成了一种现实化的社会实践运动。

可以从两个方面来考察：一是当前中国政府提出的"中国式现代化"的历史目标，在一定程度上说，是当年萧先生那一代学人在理论上的追求与探索，变成了中国人现实的政治与社会运动；二是"新人学"的哲学理想既体现了当代中国人追求中国文化主体性的集体意志，成为中国哲学追求主体性的一种理论形态，而且也是一个远未充分实现的理想性目标，因而仍然具有理论的指引性与开放性。如何避免成为"单向度的人"？如何避免人在人工智能时代的新异化？恐怕很难从萧先生的"新人学"的哲学理想中找到现成的答案，但沿着他所提出的"新人学"的理想思路，我们可以展开自己时代的新探索，并在这一探索过程中不断丰富当代中国哲学主体性的意涵。这大约也是我们申论萧先生的"早期启蒙说"与"新人学"理论的意义之所在吧！

附 录

一、七七忌日缅怀萧先生

今天凌晨4点20分醒来，就再也睡不着了。仔细数了一下日子，正是萧先生离开我们的第49天。依照安徽农村的习惯，于七七之日凌晨起，在一块空地上献上后人给逝者最重要的祭品——灵屋，里面装满一切日常需要的物件，还有少量逝者生前最喜爱的物品，最后一把火把这些纸扎的东西烧掉，通过缭绕的轻烟送给逝者，以祈逝者在另一个世界里过一个没有风雨侵蚀、衣食无忧的生活。逝者的家属围绕火堆哭泣，并用桃树枝在周围不断拍打，防止阴间其他孤魂野鬼来抢夺这些物品。后人的哭声在另一个世界就是欢笑声，让逝者在另一个世界里感到后继有人。这些习俗当然是中国民间的质朴宗教情怀，体现了阴阳两界的连续。这种质朴的宗教情感在中国知识传统里就表现为各种形式的气化论哲学。随着佛教传入中国，这些质朴的宗教情感逐渐被改造，再加上中国本土宗教道教的形成与发展，就形成了中国社会亚文化传统里各种各样的关于阴阳、鬼神（仙）两界的宗教想象世界，从而给予痛失亲人的人们以情感上的慰藉。

萧先生是当代中国少有的诗人哲学家，在此世里他并没有得到他应得的荣誉，反而经受了各种令常人难以忍受的精神与肉体的折磨。我想，在另一个世界里（如果有的话），他应该在诗人白玉楼里继续他与夫人卢文筠教授的"萧诗筠画"的艺术情怀的浪漫。余生也晚，虽然有幸追随萧先生问学求道19年，但仍自认为是萧先生门下一个永远没有毕业的学生。虽然早已拿到博士学位，也在现行体制下评上了所谓的教授达七年之久，但无论是在古典诗词创作，还是在哲学思考、教育学生以及为人处世之道方面，都不及先生之万一。特别是想深入学问之堂奥的时候，越发觉得自己根柢浅薄，难堪大任，常常在心灵深处有一种深度的自我失望之感！由此，有时会产生放弃的念头。幸先生的门生中有深得先生之精髓者在，常予我以鼓励，故勉强继续问学求道之业。

相对于早先追随先生的门人而言，我是比较晚进入先生门墙的，其时恰逢先生第三次华盖之运时期。由于当时自己阅历浅薄，人生苍白，从学校到学校，经常无法理解先生的种种深微之意，但先生对于我的关怀、爱护、培养之情还是深深记得的。大约是1991年春天的某个日子，先生非常郑重地把我叫到他家中，非常含蓄地讲了自己的心情，最后说他都不想继续带博士生了。但出于对学生负责，还是要把我送出门。此事对我触动非常大！当时萧先生门下只有两人，一人即是现在的师兄兼同事徐水生教授，另一人就是我。徐师兄因是在职攻读博士学位，没有就业之虞，而且其时正在日本留学，而我则是应届生，如果不能按期毕业，就无法找到工作，连生存都有问题。而那是一个全国都蔑视知识分子的特殊时期，当时社会上流传着一个口号："穷教授，苕博士。"（在武汉话中，"苕"就是蠢、傻的意思）听了萧先生的一席话，我这个"苕博士"（正确地说只是博士生）也不能不从内心感到温暖。关于我毕业论文的开题，萧先生花费了大量的心血，仅开题的提纲他就修改了三遍，从论文题目的拟定，到其中每个章、节标题的表达，萧先生都仔细推敲、斟酌。最后在进入写作过程中，还从整体上规定了论文内在逻辑层次与外在章节结构的关系，将明清之际早期启蒙思想分成三个时期，每个时期各分一章，加上第一章序论，最后一章结束语，共五章。

我的博士论文是仓促完成的，当时电子计算机发展还处于初期阶段，打字员的水平有限，我的校对能力也差，论文的送审稿有很多错字、别字、漏字。然而我面临毕业找工作的生存压力，因此萧先生非常在乎我的毕业时间，用最快的速度帮我审稿子，并电话联系评阅导师，亲自写信给外地评审专家，让我亲自送论文上门。现在想起来，这一切都是萧先生处在巨大的亲情痛苦中来完成的，而我当时未能切身体会……

由于当时已经在武汉成家，妻子就在武汉大学图书馆工作，而且她是一个不愿意离开武汉大学的人，我只好硬着头皮向导师提出留校的事情。对此，萧先生不仅没有推脱，而且极力推荐，郑重地向系领导写了推荐信。以其时的政治环境，萧先生深知自己的推荐不一定起作用，但他已经不在乎一个高级知识分子的尊严了。最后系里勉强答应我留校的要求，但不能留在中国哲学教研室，只能留在社会学教研室，教授中国社会思想史。对于系里这样的决定，先生以他的"曲成万物"的智慧指导我，让我留在社会学教研室。为了家庭之故，我也只好再改一次行。其时，我心里非常别扭与恐慌。因为我从中文系跳到哲学系，刚刚对哲学有了一点感觉，现在又要跳到社会学系，在一个相当陌生的行当里从事工作。说实在话，做完博士论文后才对哲学有了点理解，而社会学又是一个与哲学相当不同的专业。在这个领域里，萧先生还继续指导我，首先为我找了一本陈定闳先生著的《中国社会思想史》，并将他自己收藏的《中国荒政全书》、陈东原的《中国妇女生活史》等著作送给我，还指导我看吴晗等人编写的《皇权与绅权》等著作。可以这样说，获得哲学博士学位后，我又继续跟随萧先生拿了一个中国社会思想史的博士学位。因为，在萧先生的指导下，我花了五年的时间从事这门课程的教学工作，最终以一本非常粗糙的《中国社会思想史》的教材初步确立了自己对这门新学科的认知体系。而这本教材的出版，还是萧先生从他自己的课题经费里拿出了3 000元作为印刷出版补贴的。要知道，当时他主持的教育部课题总共经费才3万元，而我并没有参与该课题的任何工作，也还不具备参与研究的能力。

1997年校内院系专业调整，社会学系要求归属法学专业门类的一级学科，从哲学系分出去了。这时我终于回到中国哲学教研室，从此可以与萧先生一起工作了。在萧先生的关怀与培养下，我开始为教研室的老师们做一点服务工作，最主要的是回到了自己明清哲学与思想研究方面来。参与了由萧先生与许苏民教授主持的"明清文化名人丛书"的撰写工作。经过仔细讨论，由我撰写其中的郑板桥。在撰写该书的过程中，先生又像当年指导我写博士论文一样，对全书的立意、题目、章节的标题拟定，都进行了严格推敲，又把他收藏的有关郑板桥的著作借给我。

写完郑板桥一书后，1998年，我获得了一次竞选哈佛燕京访问学者的机会。此次竞选成功，主要的外在助因是萧先生向当时的哈研社主任杜维明教授极力推荐，再加上郭齐勇教授的帮忙。竞选的学术选题也是与萧先生商量后确定的，继续自己的博士论文选题并深化这一选题的研究，以中西文化中个体主义的异同比较为题，希望能借助哈佛燕京的学术条件为自己开展西方个人主义与自由主义思想的研究提供方便。1999年9月，我赴哈佛燕京正式做学术访问。这一年里，我的学术视野得到了极大拓展，为回国后修改博士论文提供了最为充分的学术准备。虽然目前出版的博士论文仍然有许多不尽如人意之处，但如果没有这一年的学术访问所获得的资料与学术视野，博士论文就可能至今还没有出版。而且，也正是这一年的学术访问，使我对现代西方的政治哲学有了一个初步的了解，特别是对当时还在世的罗尔斯的政治自由主义思想有了一个比较全面的了解，这为我现在对中国政治哲学新领域的研究起到了最为关键的作用。

回想自己的学术成长历程，每前进一步都与先生的悉心指导分不开。生我养我、教我基本的做人道理者，是父母，但让我成长、由文盲变成能识字、由识字变成有知识的人，则是老师。在知识的河流里，我们人生每前进一步，到达一个新领域，都是离不开那些以生命作筏作舟的人师的。用"师恩浩荡"来表达我对所有教育过我的老师的感恩之情，一点都没有夸张的意思。而最终把我引进学术殿堂，以学术研究为职志，把一个偶然的生命存在纳入一个与民族精神慧命"传薪"活动相关的历史行列里的，是先生！大恩不言报，不是不言，是不能用一般的文字来言，是需要受恩者时时用自己的整个生命来体认、反省，并以自己认识的高度与精神的深度来体知先生的恩德泽惠，使这种亦私亦公、即私即公的人类深度情感通过那些少数觉悟者来实现代代相传。

先生之学堂庑广大，思想深邃，其所著辑成《吹沙集》三卷，是中国社会也是人类的公共精神财富，自有他人去研究、评说，见仁见智，深浅自得，非得门人而私赞。然先生与诸门生之间的特殊感情，则因人因时而异而别有领受，非亲炙者难以体知。在工业化、程序化、官僚化日趋严重的现代教育大厂房里，像先生这样寓民族慧命传承于富有人文情谊的师生情谊之中的教育学模式，益发显得珍贵。平生受业于两位恩师，一是中文系硕士生导师蔡守湘先生，再者就是萧先生。蔡先生为人生性豪爽，待人慈厚，视学生如亲子。那时研究生上课在先生家里，经常是上课后就在先生家吃饭。做学生期间，食堂里的饭菜没油水，又是年轻能吃消化快的年龄，嘴特馋。老师家的一顿饭很能解三天之馋。蔡先生与萧先生同在襄樊农场劳动过，生性好酒。据萧先生说，蔡先生曾经怀里挟着酒，看见他在放牛，就招呼他说："老萧，过来，我这里有酒。"后来报考萧先生的博士生，多得力于蔡先生的推荐。我博士论文送审时，萧先生特别要求我送一份给蔡先生。蔡先生很谦虚，说看不懂，但还是用非常工整的钢笔小楷写了满满的两页评语。与蔡先生相比，萧先生待人则是另一种风格。他也非常关怀学生，但更是寓情于理和礼之中。学生毕业时，他特别关注学生的就业问题，到处帮助联系单位。学生的家里出现了困难，他总是慷慨解囊，其实他的家境并不像人想象的那样具有大知识分子的宽裕。1989年之后，他的家庭在经济方面其实是非常紧张的。然而，他对学生的关怀并不因此而少欠。1997年3月至1998年1月，家母、家父先后去世。不到一年之间，我回安徽奔丧两次。由于中国社会自20世纪50年代之后形成的城乡之隔，作为地道农民的父母亲是不在城里人的视野之中的。双亲病故后，哲学系一级的单位是没有任何慰问的。但萧先生两次都赠予赙金，以示慰问。这对学生来说是莫大的精神慰藉。

萧先生对曾经教授过自己的老师是特别尊重的。我记得萧先生唯一到我家中的那一次，就是他闻讯中文系的周大朴先生仙逝后托我给中文系送去吊唁周大朴先生的长长的黑色挽联。当时我住在武汉大学北三区的五楼，家里还没有电话，萧先生就亲自到我家门口，上楼到我家后已经是气喘吁吁了。后来，他给我讲他如何领受周先生的教育，对于周先生不拘一格识人才的别识慧心给予了高度的赞扬，这件事在先生的《吹沙集》中有诗有文，予以赞颂。而先生当年收我为他的学生，在很大程度上也是不拘一格。以我当时那浅薄的哲学知识，何以能考进先生的门墙呢？而在面试时，我竟然凭着自己刚刚读到的一些有关中国传统文化与现代化和早期启蒙思想的相关文章，就滔滔不绝地回答萧先生、李德永老师、唐明邦老师提出的问题，现在想起来真是汗颜！尤其令人惭愧的是，在博士论文开题提纲最后确定的过程中，我竟然与先生展开了辩论，让先生从椅子上几次站起，最后，先生非常激动地说，今晚你听我说！最后，我听先生慢慢剖析，基本上全面接受了先生的意见，只是写作的过程中稍有小的调整。当天晚上回家后我对妻子说：跟萧先生三年，今晚才得以窥视萧先生学问的朦胧涯涘。

当我动手写这篇文字时，正是特立尔大学附近的TAFFER小镇教堂钟声敲响之时。每天早晨6点半，教堂的钟声准时响起。对于教区的人们来说，这也许习以为常了。可对于我这个他乡之客，钟声却唤起我别样的感怀。汉语里有"晨钟暮鼓"一词。可20世纪60年代以后，中国社会普通百姓的生活里却少了响彻村庄的"晨钟"之声，整个社会充斥着种种颂扬之声，歌唱之声，批斗之声，流行音乐之声，商贩叫卖之声，摩托车、小汽车的轰隆声与喇叭声，就是没有一种清脆悦耳、令人深省的钟声。而在精神界更是缺少黄钟之音。

我不敢说，也不愿说，像萧先生这样的黄钟之音已经绝于人寰。我写下这些点滴的闻钟之音的感受，并不是要向世人炫耀什么，而只是以此来表达我个人生命的幸运，以非常拙劣的文字来呈现一种问学求道的足迹。

斯人已逝，德惠常青；凝为正气，四季赋形；春兰秋菊，各具性情；桃李梅薑，百卉峥嵘；慧命之流，浩浩无竟！吁戏乌呼，仁智且诚。

（2009年7月31日改定几个错别字；2009年10月6日又改正个别字。）

二、《火凤凰吟》序

业师萧萐父先生辑其六十余年来偶作诗词为一卷，题名《火凤凰吟》，盖取东方古老神话所传：凤凰生500岁后，集檀香木以自焚，然后又从烈火中再生飞出。诗集之名以喻这些诗作乃如"凤凰涅槃"，象征诗人精神在经历了多次生活熔炉中的烈火自焚才得以再生。

相对于历史老人而言，六十年乃弹指之间。然对于个人而言，则是一生中经历了无数的曲折、欢乐和忧患，是生命展开的彩色画卷。《火凤凰吟》集以诗歌形式将诗人六十余年（1944—2005）里最为精彩的心灵闪光定格在永恒的艺术时空里，其中既有欲与江淹比风骨的童贞梦想："忆昔江文通，其文竟入室。来日风骨成，庶可与之匹"（《谢林山翁赐笔诗》），也有青年时尝试以中国古典诗词形式翻译大诗人雪莱《寄月》（To the Moon）的译作，更有《峨眉纪游》的定情组诗、站在中西文化桥头沉思的《访德纪游》《访美杂诗》组诗，以及以诗歌形式表达诗人哲学思考的《傅山三百年祭》十四首等。至于其中与师友唱和，因晚辈结婚，或因学生毕业而随兴感发的诗作，皆能体现诗人酿世情为诗意、化亲情美人伦的点化工夫。当然，其中也有不少徘徊低吟、感时伤世，乃至于怒向专制蒙昧、追求民主自由的怨愤之作。正印证孔子所言，诗可以"兴、观、群、怨"。

中国是诗的国度，上自帝王，下逮百姓，其中能诗者代不乏人。《诗经》中既有黄钟大吕的"雅颂"，亦有里巷歌谣的"国风"。唐诗、宋词、元曲中的经典之作，人们至今仍吟诵不绝；至于一些名句甚至化为日常习语，如"欲穷千里目，更上一层楼"，更成为中华民族不断进取的精神象征。虽然，也有"以诗为教"的变奏曲，然亦蕴含了以诗代宗教之遗意。纵观古今诗作，大体不外叙事、抒情、说理三类。若以言意之辩观之，更可简化为抒情、说理两类，故古今诗作又可分为"诗人之诗"与"哲人之诗"。然无论何种诗作，古今著作大家，莫不理会诗作之中惟情与理最难相契。或情胜于理，徒增感慨，流连光景；或理胜于情，老儒说教，兴味索然。《火凤凰吟》则能融真契美，做到情中寓理，理以情发，情理相融。几百首诗，大体是敢恨敢爱、能哭能歌之作。其中反复出现的童心、鸥梦意象，既表达了诗人"虽九死犹未悔"的崇高理想，亦含蕴了诗人对中华文化慧命源流"上下求索"之探寻。而作为中国的马克思主义者，诗人将六十余年人生的一切可歌可泣之事，尽化为笔底波涛，将凡俗的人生诗意化："书生自有逍遥处，苦乐悲愁尽化诗。""自笑吟沙留，岂因华盖废吟哦！"固然，现存的这些片光吉羽的文字，远不足以展示诗人六十余年人生的悲欢离合。然正如眼睛是心灵的窗户，这些诗作亦可以看作是充满好奇童心的诗人的探索目光，它追求的是一条与地平线相连接的吹沙觅金者的道路，一条由珞珈山出发，通向求真、向善、致美的现代中国诗化哲学的道路。

如众所知，古代中国哲学人多能寄思想于诗意的想象之中，老子"五千言"本可韵读，孔子于川上有"逝者如斯"的感叹，庄子寄意于鲲化鹏飞、庄蝶互梦，孟子言"观水有术，必观其澜"。既有荀卿赋蚕、屈原问天、长沙托鹏，亦有柳子厚、刘梦得往复论天。至于船山、傅山，皆是思诗并运，已臻化境。作为当代诗哲，萧公萐父先生追步前修，踵事增华，从理论与实践上自觉追求 Logic 与 Lyric 的统一，探索"诗情哲理两护持"的诗化哲学。这本《火凤凰吟》集中有关傅山、船山等哲人的诗评，以及在各种场合用诗表达的哲学思考，均体现了其"诗与哲学统一"的精神追求。据说贺麟先生曾在读完诗评傅山十四首组诗后说，此300字可抵一篇万言论文。为印证贺麟先生的说法，我认为置于《王夫之评传》书首的十首诗作，深契传主王船山集哲人诗人于一身的身份，实为船山画魂的传神之笔。凡此种种，皆印证先生"诗化哲学"追求的心迹。

秋月春花，忽又一年。自1989年秋追随先生问学求道以来，不觉已近二十载。这期间，除学问、做人、做事诸方面经常得到先生的指点、教诲之外，还多承先生额外垂青，每有新诗，先生均影印一份给我。我也将自己偶尔吟咏的古体诗和现代诗习作呈给先生看，总能得到具体的指点。先生七十寿辰之际，我曾以"葵心不改完美志，慧境芳情两护持"为题，从先生已刊与未刊诗作中，捕捉"智者诗人"的所思所感，初得先生印可。在先生八十寿辰纪念文集的跋语中，曾缀有小诗《你是永远的地平线》，表达我对先生的景仰追慕之情，颇得先生首肯。拙著《中国现代价值观的初生历程》出版之际，先生以《金缕曲》词一阕代序，并相互共勉："昂首征程齐接力，价值观，广宇供驰骤。"《火凤凰吟》集编辑之初，先生嘱我为本集作序，当时心中既喜且恐。喜的是，近二十年的近距离相处，以诗为缘，我与先生之间多了一份相忘于江湖的生命感通；恐的是，因自己先天才情不足、后天养教失勤，难逮先生诗思并运之奥。

　　回想一日下午，在先生家小坐，与先生闲谈庄子而旁涉真善美问题，先生顺势问我人生终极所求，我答以"天地有大美而不言"。先生含笑沉吟，小视窗外，树木青青，间有鸟声。今借《火凤凰吟》出版之际，谨以此小文追叙往昔诗缘，至于对先生诗化哲学理论的阐述，当俟来日，而此集中诸作的深情雅意亦不敢作郢书燕说。幸有"诗无达诂"之雅训，各位高明，当临风展读，各有会心。

　　是为序。

弟子吴根友敬撰于珞珈山南麓

丁亥年春四月

三、纪念萧萐父先生诞辰九十周年

萧萐父先生1924年1月生于四川井研县一个知识分子家庭，病逝于2008年9月17日。他离开我们已经五年了。正值先生冥诞九十周年之际，我们从先生的及门弟子中选了七位作为代表，从不同的侧面回忆先生当年的精神风貌，以纪念这位珞珈中国哲学学科点创始人。郭齐勇教授着重回忆萧先生当年如何培养学生，尤其是培养博士生的情况。李维武教授主要从"中国哲学史史料源流举要"这门课程的教学，及《中国哲学史史料源流举要》一书出版情况出发，回忆萧先生是如何重视哲学史这门学科内部史料学、目录学、校雠学等相关知识的。蒋国保、龚隽两位教授则主要阐述了萧先生在佛教哲学与佛教哲学史方面的慧解。李大华教授则集中阐发萧先生的理想人格。许苏民教授的文章立意高远，从中华民族文化自觉的灵魂的高度，来阐述萧先生的哲学精神。我本人则结合近些年来从事国学教学、研究的心得，着重从先生子学方面的学术成就来揭示先生学术的某一侧面，以及先生晚年立足中国、关心世界的博大文化胸襟。

在萧先生逝世之后不久，《长江日报》（2008年9月23日）曾经刊登了李琼的一篇文章，文章中的标题是这样的：《一个人的高度标志一个城市的高度》。现代城市的空间往往是由技术支撑的摩天大楼提供一个有形的高度。人文知识分子所追求的精神高度变成了一种虚无缥缈的幻相，没有多少人在意，甚至没有多少人还会想起。一座不生产思想的城市，只能是一座没有灵魂的城市。而一所不生产思想的大学，更是一所没有灵魂的大学。一座理想的城市应该至少有一所或一所以上的好大学。而一所好大学不仅能够培养成千上万有知识、有教养、有德性的劳动者、社会管理者，更应该是有学术大师、思想大师的地方。珞珈山的绝对地理海拔不高，但她有着像萧先生这样能代表一个城市，甚至代表一个民族精神高度、人格理想的学术大师、思想大师，这是珞珈山最值得眷恋与留恋的地方。武汉大学校园是全中国最美丽的校园之一，武汉大学还应当是代表中华民族精神高度的圣地之一。

在萧先生门下直接或间接受业的学生很多，仅在武汉大学哲学学院的就有童鹰、田文军、徐水生、宫哲兵、吕有祥诸位教授，而胡治洪、欧阳桢人、丁四新诸位教授也曾亲炙于萧先生。至于在校外及外地工作的就更多，不能一一约请他们撰写纪念文章。此文仅是纪念萧先生的方式之一，我们还将召开纪念萧先生的学术会议，届时，萧先生门下直接或间接受业诸生皆可聚集一起，畅谈萧先生当年的为学、为人、教书育人的精神风貌。亦可以探讨萧先生的学术、哲学思想、教书育人的方法，进而为中国哲学在当代的发展提供有益的思想启迪。

索　引

人　名

术　语